中华文明标识

CHINESE
FACES

Reflections and Memories of the
Chinese Nation in Cultural Relics

中国面孔

文物上中华民族的凝望与记忆

翁淮南
著

中国出版集团
东方出版中心

图书在版编目（CIP）数据

中国面孔：文物上中华民族的凝望与记忆 / 翁淮南
著 . -- 上海：东方出版中心，2025. 7. -- ISBN 978-7-
5473-2774-6

Ⅰ . K870.4

中国国家版本馆 CIP 数据核字第 2025C8U935 号

中国面孔：文物上中华民族的凝望与记忆

著　　者　翁淮南
出　　品　东方出版中心北京分社
策　　划　范 斐　曾孜荣
责任编辑　汤梦焯
特邀编辑　孔维珉　暴颖捷
营销发行　王世超　周 然
装帧设计　张丽颖
责任印制　柴清泉

出 版 人　陈义望
出版发行　东方出版中心
地　　址　上海市仙霞路 345 号
邮政编码　200336
电　　话　021-62417400
印 刷 者　天津裕同印刷有限公司

开　　本　710mm×1000mm　1/16
印　　张　17.25
字　　数　270 千字
版　　次　2025 年 7 月第 1 版
印　　次　2025 年 7 月第 1 次印刷
定　　价　78.00 元

《中国面孔：文物上中华民族的凝望与记忆》
编委会

序言

我们为何会长着中国面孔？我们为何成为我们？这看似一个简单问题，其实是一个古老中国产生的一个哲学话题。

作为一名中国国家博物馆的文化遗产工作者，我总是喜欢带着复杂的话题在天安门广场一圈一圈地走一走。

2025年5月14日，一个普通的日子。因为天气预报称早晨将有雷阵雨，阵风六七级，我带着雨伞早早来到广场。来自各地的观众也是早早地拥在国旗杆的周围。

5：00，升旗仪式举行。国歌响起，一张张面孔，一双双眼睛，静静地凝望国旗从下往上升起，然后定格到旗杆顶端，随后一片欢呼。那一刻，一抹中国红映照了一颗颗炽热的中国心。

望着一张张可信、可爱、可敬的中国面孔，我想起泰戈尔的一句话，"天空没有留下鸟的痕迹，但我已飞过"。此时，若用各地方言来表达这种情怀价值，或曰"中"，或曰"爽"，或曰"妥"，或曰"照"，或曰"好"，等等。总之，大家都已获得一种力量加持。

升旗仪式结束后，雷雨阵风如约而至。迎着风雨，大家带着升旗仪式加持的一种力量，带着各自的体验和梦想，兴奋地奔向各自的现实生活。

中国面孔为何会汇聚在国旗下？从社会学层面看，这是集体仪式与国家认同的建构。从心理学层面看，这是情感共鸣与归属感的满足。从文学层面看，这是意象书写与爱国情怀的诗化。从哲学层面看，这是象征符号与生命意义的追问。哲学家卡尔·雅斯贝尔斯就曾指出，象征符号是人类超越有限性、追求永恒的媒介。

其实，就个体而言，大家的感受是千差万别的。但是有一条是一致的，就是寻找心底的精神慰藉，这也是寻找文化意义上的"中"，即"根与魂"。

国旗杆就在北京中轴线上。中国人有择"中"的传统。旗杆形态如5000多年前王或巫师用来沟通天地的礼器，用之祈愿人与自然、人与部落、人与人的和谐。甲骨文里，"中"和"旗"似是同一个字。因为择"中"，便有了"宅兹中国"。中华文明5000多年，有4200余年在大中原的长安和洛阳一带"择中建都"，后来随着经济中心东移，金人认为"燕京乃天地之中"，便在北京"择中建都"，此后元明清也定都北京。"中"成为"东西南北"甚至"天地"多个方位"合和"的通道，最后聚集成一个点或一个核心，让看齐意识、核心意义成为"择中"的题中之意。阐释"中"的最好表达也是"中"。"中"为中国面孔打上了"华夏"的底色。

习近平总书记指出，"一个民族、一个国家，必须知道自己是谁，是从哪里来的，要到哪里去"。习近平总书记要求，"向世界展现可信、可爱、可敬的中国形象"，让世界"感受一个真实、立体、全面的中国"。本书回应时代关切，精心选择文物里能呈现中华文明标识的中国面孔，用物证说话，着力讲好中华民族故事，增强做中国人的志气、骨气、底气。

关于中国面孔的选择，基于几个方面考虑：一是时间上，涉及中华民族的百万年人类史、一万年文化史、五千多年文明史。二是内容上，呈现了中华文明的"连续性、创新性、统一性、包容性、和平性"，张扬中华民族的伟大创造精神、伟大奋斗精神、伟大团结精神、伟大梦想精神，推进铸牢中华民族共同体意识，构建人类命运共同体。三是形象上，文物上呈现的面孔表情有平淡、欢喜、幽默、愤怒、悲伤，也有自信、勤劳、勇敢、智慧、坚韧，既"可信、可爱、可敬"，又"真实、立体、全面"。四是物证上，这些文物来源于不同时期、不同地域、不同民族，涉及陶器、瓷器、玉器、青铜器、壁画、石刻、雕塑、书画等珍贵文物。五是形式上，努力营造原境（context），用"图片＋文字"等形式进行解读。六是目标上，通过中国面孔这一媒介，努力打开一个让世界读懂中国的窗口。

中国面孔是提升国家文化软实力和中华文化影响力的优势资源。感谢《炎黄春秋》杂志开"影像志·以'中国面孔'读懂中国"专栏，感谢中央电视台科教频道推出"百家说故事·可爱的面孔"系列专题，感谢"中国民族报"及"道中华"微信平台刊发涉及中国面孔的系列文章。感谢中国国家博物馆、故宫博物院、中国考古博物馆、中国闽台缘博物馆、上海博物馆、云南省博物馆、黑龙江省博物馆、湖北省博物馆、秦岭博物馆、西藏博物馆、阿里博物馆、和田博物馆等文博单位提供文物拍摄和文献查阅等支持。感谢编委团队小伙伴在创作过程中的指导和帮助，他们是张志华、朱万章、霍宏伟、肖静芳、牛锐、张锋波、樊燕、张长虹、杨晖、胡芳、陈秋速、杨超、王立峰、于洁、李珂珂、王樱桓、张子潇、张煜华、郑旭清、施奕彤、马钰婷、罗彩虹、王丹、刘昕然、吴寒、刘春雷、陈君叶、吴琳琳、黄丽欣、刘愿、韩晶晶、田子墨、崔华申、孙晴雪、翁乐君、梁隽颐、刘雯郁、武闻达、马诚诚、宋韦霓。在团队小伙伴们努力下，中国面孔成为一道展示中华文明标识的独特风景线。

中国天问一号登陆火星后，发回来的照片上地球是一片蔚蓝。这个蔚蓝色星球在银河系旋转着进入了人类的 21 世纪。在亚欧大陆岛东部，由黄河文化带、长江文化带、珠江文化带、长城文化带、大运河文化带构成的五大文化带上，五千多年的岁月将中国面孔雕刻得丰富多彩、充满个性。然而，五千多年的岁月又将中国面孔深刻地文化格式化，让我们拥有了共同家园"中国"，拥有了共同身份"中华民族"，拥有了共同名字"中国人"，拥有了共同梦想"中国梦"。

回望这一历程，我们不顾千难万险，昼夜跋涉，风雨兼程，从容走过了五千多年的文化长河。而身后的尼罗河，印度河，底格里斯河和幼发拉底江，只留下古老文明的背影。

中国面孔绵延发展五千多年，这是我们文化自信的理由。一如现代 AI 对古老《诗经》的回应：东方既容，其仪煌煌；东方既容，其华灼灼；东方既容，其气昂昂。

人民有信仰，国家有力量，民族有希望。

是为序。

翁淮南
2025 年 5 月

导读

中国面孔同中华民族的五千年对话

中国面孔是独特的中华文明标识。当我们梳理了收藏在博物馆里的文物、陈列在广阔大地上的遗产、珍藏在典籍里的书画时，一张张可信、可爱、可敬的鲜活的中国面孔便从记忆深处走了出来。透过中国面孔与中华民族的千年对话，能清晰瞧见中华文明的连续性、创新性、统一性、包容性、和平性，能感受到一个真实、立体和全面的中国气息，并能增强我们做中国人的志气、骨气、底气。

一、中国面孔凝望共同家园

殷商博物馆展厅里摆放有殷商妇好、古埃及纳夫蒂蒂的雕像。她们是同一历史时期的美丽王后。古埃及自公元前 6 世纪起，先后被波斯、希腊、罗马等帝国征服。亚历山大公元前 332 年征服埃及后，古埃及象形文字逐渐被世俗体取代。阿拉伯军队 642 年占领埃及后，开启了伊斯兰化进程。今天，古埃及人创造的家园所承载的文明已不复存在。

再看古老的东方中国。从雅利安人开始，欧亚大陆西部的部落和政权难以向东控制中国人的家园。公元前 6 世纪，横跨亚非两大洲的波斯帝国占领了尼罗河和两河流域，但没能跨越帕米尔高原。亚历山大的远征军占领了印度之后，也没能跨越昆仑山脉和帕米尔高原。7 世纪阿拉伯帝国东扩，也止步于昆仑山脉和帕米尔高原。

昆仑山为中华文化里的"万山之祖"，是"玉成中国""玉石之路"的重要源头。昆仑山作为独特的中国符号，映照的是"天下一统"和"家国一体"的价值观认同。

在中国人民革命军事博物馆展厅，有一尊 19 岁烈士陈祥榕的雕塑像。塑像面部，眼神清澈，笑容阳光，青春明亮。迷彩头盔上面，有粗硬笔留下的"清澈的爱只为中国"八个字的深情告白。

陈祥榕是福建省宁德市屏南县下山口村人。万里迢迢，山高路远，陈祥榕从福建到新疆，成为守护喀喇昆仑中国边境的解放军战士。2020 年 6 月，外军越过实控线向中方蓄意挑衅。陈祥榕作为盾牌手，没有退缩，直到牺牲，因为他的身后就是祖国，就是父老乡亲。

陈祥榕牺牲后，部队问陈祥榕的母亲有没有什么困难时，她说："我没有什么要求，我只想知道，榕儿战斗的时候勇不勇敢。"连长回应："祥榕勇冠三军"。至此，"陈母问勇"，成为与"岳母刺字"一脉相承的家国情怀典范。

如今，陈祥榕烈士的衣冠冢碑伫立在喀喇昆仑，他们和北京天安门广场的人民英雄纪念碑等诸多英雄标识，一起守望着中国大地上的万家灯火。

领土是中华民族生存和发展的基本

条件。黑格尔认为，历史的真正舞台所以便是温带，当然是北温带，因为地球在那儿形成了一个大陆，正如希腊人所说，有一个广阔的胸膛。

中国大部分在温带。"胡焕庸线"东侧的地理环境，使得中华民族天然地具有内向凝聚力。长江、黄河、珠江等大河巨川的主干和支流带来了人的汇聚，逐渐发展成为黄河文化带、长江文化带、珠江文化带、长城文化带、大运河文化带。中国五大文化带催生出各经济区域共存互惠的经济结构，形成了共同家园，成为中华民族绵延5000多年的地缘优势。

中国是时间的中国，中国也是空间的中国。世界其他原生文明的摇篮，在古埃及为尼罗河，在近东为幼发拉底和底格里斯两河，在古印度为印度河，它们的流域不过数十万平方千米。中国的摇篮，仅算孕育早期文明的核心地区，也有近300万平方千米。黄河中游发育的仰韶文化（距今约7000年~5000年）空前统一，其范围已经涵盖后世中国主体区域的大部分。夏商周时期，生活在东亚大陆东部的人群已与生活在今新疆罗布泊等地区的人群有所交往并发生血缘融合。夏朝的核心统治区域在今河南、山西局部区域。商朝已南过长江，东达今山东，西达今陕西。周朝疆域则北至今内蒙古南部与辽西辽东，西至今甘肃渭河上游，东至今山东，南至汉水中游与长江下游，势力远达巴蜀。

秦汉是大一统王朝。汉朝鼎盛时期，其疆域东北拓展到朝鲜半岛中部，西北延伸到河西走廊和西域，西南发展到哀牢山脉，向南直抵中南半岛东部沿海。秦汉王朝建立藩属体系，将周边匈奴、乌桓、鲜卑、羌及西域各国不同程度地纳入大一统王朝的政治秩序。新疆尼雅遗址出土汉朝"五星出东方利中国"织锦护臂，蒙古高原匈奴单于庭龙城遗址中出土汉字"天子单于"瓦当，表明中原王朝对边疆的深刻影响。

隋唐时期彰显开放与繁荣，其疆域从农耕区扩展至游牧区，在边疆地区先后设立安西、安北、安东、安南、单于、北庭等都护府以及800多个羁縻州府，将突厥、薛延陀、回纥、黠戛斯、契丹、靺鞨、室韦、吐谷浑、南诏等纳入统一政治体内。646年的灵州大会上，西北番邦再次请求尊奉唐太宗为"天可汗"。"天可汗"将整个东亚世界塑造为中华文化圈。

元朝开创了空前统一的版图。元朝疆域一度最北至西伯利亚中部的北海测影所，西北至发源于阿尔泰山的额尔齐斯河的中下游，西南囊括今西藏、云南，南至南海诸岛，东南至琉球，东北至外兴安岭北麓及今鄂霍次克海滨海地区。元朝在中央设置宣政院直接管辖西藏，在岭北与云南设置行省，加强了对漠北、西南边疆的管辖，形成"混一南北，胡汉一家"新局面。

明清时期统一的疆域更趋巩固。明朝力图承袭元的版图，将包括东北、西南边疆、青藏高原在内的疆域纳入管辖。清朝疆域鼎盛之时，拥有1300余万平方千米的陆地国土，以及辽阔的海疆，为现代统一多民族国家奠定了坚实的疆域格局。

共同家园需要共同的保护。1850年，在岳麓山下湘江边的方舟中，65岁的林则徐勉励38岁的布衣左宗棠，"东南洋夷，能御之者或有人；西定新疆，舍君莫属"。20多年后，左宗棠舆榇出关，走向喀喇昆仑，收复了新疆。

大一统奠定了"共同家园"的基本格局。在中国五大文化带，文化意义上的中国、政权意义上的中国和疆域意义上的中国有时并不重合，但是从整体看，中华民族生存的疆域有伸有缩，仅仅是胖瘦之分，而没有器质之变。这正应了《诗经》所云："普天之下，莫非王土。率土之滨，莫非王臣。"

"共同家园"包括地理层面的疆域和精神层面的疆域。中国传统社会以家国天下为伦理框架，血缘共同体（家）、政治共同体（国）与开放性共同体（天下）共同构成生存与精神的双重空间。在这个共同家园里，蒙恬、霍去病、岳飞、文天祥、戚继光、林则徐、邓世昌、丁汝昌、杨靖宇、赵尚志、左权、彭雪枫、佟麟阁、赵登禹、张自忠、戴安澜等人，总是在危难之时力挽狂澜。甚至在每个重大历史时刻，包括女子王昭君、文成公主、瓦氏夫人等，都在担当着"中国"二字赋予的使命，她们为自己、为家人、为国人，做出选择，担当使命。

英雄为共同家园筑起了血肉长城。黑格尔曾对此感慨，征服无从影响这样一个帝国。

二、中国面孔凝望共同身份

黄帝是"三皇五帝"里的人物。山东嘉祥武梁祠东汉石刻黄帝像，是中国现存最早的轩辕黄帝形象记录。

从面部看，黄帝姿态直立，庄重威严。他头戴帝王礼冠旒冕，面容肃穆，双目有神。他下颌微抬，嘴巴微启，左手举起，似乎正在指挥他的核心团队实施一项重大基建工程。在武梁祠"远古帝王图"中，伏羲、女娲等均未戴旒冕，而自黄帝起戴旒冕，后续除大禹因治水戴斗笠外，颛顼、帝喾等其他帝王也延续这一模式。这一细节，凸显黄帝是制度开创者，是中国历史上第一位"国家领导人"。

在司马迁《史记·五帝本纪》中，黄帝是第一个出场的帝王。《史记》的一条原则，就是摒弃"不雅驯"的虚妄之言，写人而不写神。按照司马迁的观点，黄帝是我国古代有传说以来最早的帝王、领袖，自黄帝以后历朝历代的帝王，诸如颛顼、帝喾、尧、舜，以及夏朝、商朝、周朝的帝王，都是黄帝的后代；甚至当时处在华

夏周边的其他部族如秦人、楚人、越人、吴人、匈奴的首领，也是黄帝的血脉。如此，黄帝成为中华民族的"人文始祖"。

考古发现，距今约6500年的河南濮阳西水坡遗址虽然是一处仰韶文化遗址，但其中45号墓墓主人掌握着极为发达的天文历法学知识，因而其身份非常耐人寻味。位于黄河南岸的河南巩义双槐树遗址，发现5300多年前规格最高的具有都邑性质的中心聚落，有专家称之为"河洛古国"。这里出土的牙雕家蚕艺术品，是目前发现的中国农桑文明发展史上时代最早的代表作。这里呈现出古国时代的王都气象，尤其是北斗九星以及诸多凸显礼制和文明的现象，被后世夏商周等王朝所承袭和发扬光大。学者朱乃诚等认为，炎黄时代为距今约7000年~4500年。学者刘庆柱等认为，黄帝时代为仰韶文化，黄帝出现的时间节点或为距今约5000年。

有了黄帝，便有了国家政治领导人，便有了王都，便有了"宅兹中国"，便有了华夏儿女、炎黄子孙的认同。《史记·五帝本纪》记载："黄帝崩，葬桥山。"文献记载最早祭祀黄帝的是战国时代的秦灵公，他为祭祀专门修建了"上畤"。公元前110年，汉武帝开汉朝领导人祭祀黄帝陵的先河。1902年，梁启超最早提出"中华民族"的概念。1937年清明，国共两党首次同时派代表共祭黄帝陵。抗战时期，"炎黄子孙"的称谓被定型为中华民族的文化符号。2018年，"中华民族"概念写入我国宪法。

黄帝故事与希腊罗马神话分别代表了东方"伦理—历史"与西方"神性—艺术"两种文明的演进路径。前者通过历史化整合族群认同，后者借助神学与艺术启蒙个体意识，他们共同构成了人类多元文明的瑰宝。

中国面孔最终选择"中华民族"这一共同身份，得益于各类人群在中国五大文化带上长期的交往交流交融。在物质利益和精神利益的供给侧和需求侧的两端，为了寻找共同价值和共同利益，产生了双向奔赴，出现了伟大相遇。

一是大米和小米的相遇。距今8000年前后，中华文明起源开启。因气候温暖湿润，南方稻作农业向北传播到淮河下游地区，北方粟作农业在黄河中下游地区及燕山南北得到普及。大米（稻类）和小米（粟和黍）相遇后，逐渐形成"南稻北粟"的农业分布格局。农业的本质不是人类在生产，而是人类让动物植物生产，成功取决于人与自然的和谐，系统性、整体性、持久性成为粮食安全的保证。农业文明的持续传承，也让中国历代领导人关注粮食安全。直到今天，每年出台的中央一号文件，内容多与农业相关。

二是华山玫瑰和燕山龙的相遇。学者苏秉琦认为，中国古文化有两个重要区系：一是渭河流域的仰韶文化，其标志是玫瑰花，包括枝、叶、蕾、冠或仅花冠等；二是大凌河流域的红山文化，其标志是龙或龙鳞。在6000多年前华山玫瑰和燕山龙相遇的时代，催生了中华民

族总根系的"直根"，并形成一个"Y"形通道。此后，晋南一带的"中国"就把"华（花）"和"龙"等都包揽到一处了。在"直根"上，山西南部黄河沿岸出土了5000多年前陶人面桶形器，就是灶王奶奶像。这是华夏独特的家庭神祇符号。灶王奶奶在炊烟中为中国人心底种下一棵棵"洪洞大槐树"，也种下了一片片乡愁。

三是山和水的相遇。中国地形西高东低，水运是最廉价和高效的。早在4000多年前，先人便开始突破借助于自然河川水利的航行旧式架构，疏通水道，以改善水运条件。吴王夫差公元前486年执剑开凿邗沟后，长江下游文明逐步加快融入中华文明核心文化圈。公元前214年，连接长江和珠江流域的广西兴安县境内灵渠凿成通航。秦汉时期，政府打通关隘，修建道路，活跃关市，将彼此分割的几大经济区域整合为一。隋唐大运河的开通，将黄河流域和长江流域两大文明连接为一个整体。山和水的相遇，背后是人员的流动，"自在的"中华民族开始形成，也催生了中华文化的自觉意识。在抗战时期很多人问："中国要灭族了吗？"钱穆非常自信："中国亡不了。因为中国文化不灭，中国就不亡。"

四是孔子和老子的相遇。春秋战国时期，孔子和老子的对话交流成为佳话。以孔子为代表的儒家和法家、道家、墨家、农家、兵家等各个思想流派相互切磋、相互激荡，形成了百家争鸣的文化大观。德国思想家雅斯贝尔斯把中国的孔子、老子、墨子、庄子与古希腊的苏格拉底、柏拉图、亚里士多德、古代以色列的犹太教先知、印度的释迦牟尼所处的时代，并称为人类文明的"轴心时代"。随后到来的罗马帝国与秦汉王朝的对话，奥古斯都、恺撒、西塞罗、维吉尔、奥维德、李维、托勒密和汉武帝、卫青、霍去病、司马迁、董仲舒、桑弘羊、张衡，群星灿烂，堪称人类文明的"黄金时代"。孔子创立的儒家学说以及在此基础上发展起来的儒家思想，促进了中华民族大家庭的和谐发展。

地缘政治就是人缘政治。相遇就是发展机遇。各族

人民共奉中国，追求的是中国之合。中华民族不是中国境内56个民族的简单叠加，而是一个文化共同体，是"你中有我、我中有你、谁也离不开谁"的大家庭。

三、中国面孔凝望共同名字

1786年，清朝官员黄易发现的山东嘉祥东汉时期武梁祠石刻"帝王图·大禹像"，呈现的是目前中国发现最早的石刻大禹治水形象。

大禹头戴三角形斗笠，手持耒耜，面部留有短须，衣着简朴，突出其栉风沐雨的务实精神。他的双足似正在往左边方向前进，然后转过头招呼右边方向的伙伴们，往左边方向的水口集结。特别是目光和耒耜处于一条线上，坚毅而有力量，释放出万众一心治理山河的气势。这种刻画与文献中记载的大禹治水三过家门而不入的坚韧性格相呼应。

《史记·夏本纪》记载，大禹完成九州水利疏导、道路修筑及堤防工程后，四方境内可以安居了，四海之内统一了。然后封土赐姓，并要求民众首先敬修德业。大禹还辅助帝舜划定九州，奠定了华夏国家的雏形。帝舜便把一块黑色的主玉赏赐给禹，向天下宣告治水成功。至此，"天下于是大平治"。

还有一些文献也呈现了夏和大禹的信息。北京保利艺术博物馆藏西周青铜器"豳公盨"铭文是迄今所见最早与大禹治水相关的文物例证，铭文开篇即有"天命禹敷土，随山浚川"之言，比《尚书》早600余年。中国国家博物馆藏"秦公"青铜簋是春秋时期秦国国君所作器。其铭文"秦公"云："丕显朕皇祖受天命，鼏宅禹责（绩），十有二公，在帝之坏（坯），严恭夤天命，保业厥秦，赫事蛮夏。"上海博物馆藏战国楚竹书《容成氏》简23说，"舜听政三年，山陵不处，水潦不通，乃立禹以为司空。禹（既）已受命。"

夏商周断代工程将夏开始的时间推断为公元前2070年。20世纪70年代以来，考古工作者在登封市告成镇

八方村东侧的王城岗发现了三座河南龙山文化晚期的城址，其中大城复原面积达34.8万平方米。专家认为王城岗城址应为"禹都阳城"。考古还发现，黄河流域青海柳湾、长宁遗址等多处遗址都有洪水堆积的遗迹，时间在4000年左右的龙山文化晚期与二里头文化早期之间，其处于传说中的大禹时代。长江流域的后石家河文化遗址、淮河流域的禹会村遗址等，留下了禹征三苗、禹会诸侯于涂山的历史记忆。

可贵的是，武梁祠为我们保存了大禹的珍贵画像。大禹治水与《圣经》里诺亚方舟、苏美尔史诗等故事，均涉及全球性洪水记忆，但中国版本重视顺应规律与天人合一、集体主义与公义至上，特别是突出"不乞神灵而抗争自然"的叙事，凸显东西方文明的路径差异。

中国人是我们的共同名字。大禹的担当，浓缩了中国人在长期奋斗中培育、继承、发展起来的伟大民族精神，如创造精神、奋斗精神、团结精神、梦想精神等，它们为中国发展和人类文明进步提供了强大精神动力。

中国人为人类文明增色。我国是东方人类的故乡，同非洲并列人类起源最早之地；北京猿人在50万年前就发明人工用火术，为全球最早之一；早在1万年前，我们的先人就种植粟、水稻，农业起源同西亚北非并列第一；我国在乐器、独木舟、水利设施、天文等方面的发明发现也是全球最早或最早者之一。我国在新石器时代、青铜器时代、铁器时代等

各个时代的古代文明发展成就上都走在世界前列，我国先民在培育农作物、驯化野生动物、寻医问药、观天文察地理、制造工具、创立文字、发现和发明科技、建设村落、营造都市、建构和治理国家、创造和发展文化艺术等各个领域都取得了令人赞叹的成就。中国古代农业技术、"四大发明"以及漆器、丝绸、瓷器、生铁和制钢技术、郡县制、科举制等在世界文明史上具有鲜明的独创性。

据统计，16世纪以前世界上最重要的300项发明和发现中，中国占173项，远远超过同时代的欧洲。15世纪时，欧洲人谷登堡利用印刷术印出了一部《圣经》。1465年意大利第一家印刷厂设立印刷技术迅速传遍整个欧洲。早在公元16世纪，就有多位西方学者提到指南针、印刷术和火药。到了17世纪，培根指出：印刷术、火药和指南针三大发明已经改变了世界范围内事物的面貌；印刷术改变的是学术，火药改变的是战争，指南针改变的是航海业。马克思认为，火药把骑士阶层炸得粉碎，指南针打开了世界市场并建立了殖民地，而印刷术则变成新教的工具，总的来说变成科学复兴的手段，变成对精神发展创造必要前提的最强大的杠杆。

中国人打开了面向世界的胸怀。距今一万年前后，黄河上游与欧亚大陆西部就有了东西交流。在新疆通天洞遗址考古发现，距今5200年左右东方的大米小米与西方的大麦小麦相遇了。公元前6世纪中叶，波斯崛起，成为横跨亚欧非的庞大帝国，为三大洲道路连接提供了条件。公元前4世纪，随着亚历山大东征，贯穿东西的交通线得以连通，由欧洲、中亚进入我国中原的交通线也畅通起来。公元前138年，汉武帝派遣张骞出使西域，正式贯通了中原至西域的通道。茶叶为丝绸之路注入理性和激情，随着中国瓷器的大量输入，欧洲传统的生产、生活方式随之发生重大变革。

英国学者孟席斯曾提出"1421：中国发现世界"，虽引起争议，但是真相超越他的话题。明永乐十九年正月初一（1421年2月2日），明成祖朱棣正式将都城从南京迁至北京，来自亚洲、非洲、阿拉伯等地的28国使臣齐聚北京，见证紫禁城的落成。正月，郑和开始第六次下西洋，并护送忽鲁谟斯、阿丹、祖法儿等16国完成朝贡的使臣返国。就这样，郑和持续28年的七下西洋，成为中华民族历史上一次伟大的海上长征。因为郑和远航，西方所谓"大航海时代"成为"后郑和下西洋时代"。郑和拉开自海上开始的经济全球化的序幕，正是15世纪出现的东西方向海洋不断开拓探索的进程，最终使人类汇合在一个整体世界之中。郑和远航也是中国人首次以史无前例的规模走向海洋，形成从农耕大国向海洋大国发展的强劲态势，深刻改变了世界格局。郑和下西洋标志着将人类文明互动中心由陆上转移到海上，宣告了科技占重要地位的交往新时代的开始。

莱布尼茨曾预言中西方文明"光辉伟业"的互补性，而当代中国通过"一带一路"绿色技术共享、生态治理合作，将"天人合一"理念转化为全球公共产品。这种实践既超越了莱布尼茨"文明融合论"的乌托邦色彩，也回应了亨廷顿"文明冲突论"的狭隘性，形成"和而不同"的对话范式。

四、中国面孔凝望共同梦想

中国国家博物馆一层主厅，展示的是巨型花岗岩浮雕《愚公移山》。浮雕来自徐悲鸿1940年抗战期间在印度大吉岭创作的油画。

愚公移山的故事出自《列子·汤问》。愚公率领一群普通人，用子子孙孙无穷匮也的决心，以群体的力量开启一番伟业。他的言行感动了上天，两座山被搬走了。

浮雕上，愚公虽年迈，但清瘦而刚毅，身躯魁梧、肌肉结实，呈现出劳动人民的强健体魄。特别是手臂，肌肉紧绷，仿佛正在开凿山石。愚公的眉头紧锁、目光坚毅，嘴唇紧闭，胡须蓬乱，传递出一种沉默而顽强的意志。他的身后青山横卧，天高云淡。此时，老翁似乎正向下一代人描绘着未来的愿景。

愚公是历史长河中挑尽千古愁的担当者。类似的盘古开天、女娲补天、伏羲画卦、神农尝草、夸父逐日、精卫填海等古代神话，都深刻反映了中国人民勇于追求和实现梦想的执着精神。史载的商朝武丁盛世、西周成康之治，汉朝文景之治、武帝盛世、昭宣中兴、光武中兴、明章之治，南北朝元嘉之治、唐朝贞观之治、开元盛世、宋朝嘉祐之治，明朝永宣盛世，清朝康乾盛世等等，反映了中国人民对梦想的探索和追求。

愚公的故事体现出中国人"人定胜天"的强烈愿望。毛泽东同志把愚公移山精神与改变中华民族命运联系了起来。1938年4月30日，他在抗大三期二大队毕业典礼的讲话中首次引用了愚公的传说。1939年1月28日，在抗大五期开学典礼上，他再次引用了愚公的故事。1945年6月11日，在中国共产党第七次全国代表大会闭幕式上，他第三次引用了愚公的故事，揭示出了紧紧依靠人民这个"上帝"是中国共产党人唯一的力量源泉，由此愚公移山精神成为中国共产党人真心团结和带领中国人民去改天换地的精神标识。

世界在深刻变化。愚公的故事呈现了百年未有之大变局背景下中国人民对中国梦的不懈追求。1521年，莫尔的《乌托邦》在欧洲传播，标志着空想社会主义的诞生，也揭开了社会主义五百年发展序幕。1621年4月，"五月花号"捕鱼小船再度从英国起锚时，"美国梦"也随

之起锚了。1721年，英国正式形成内阁制，西方"民主政治"开始向全球推广。此时，比康熙皇帝小18岁的彼得大帝改国号为"俄罗斯帝国"，"俄国梦"开始了。1821年，清政府重申严禁鸦片贸易，再次筹划解决八旗生计问题。这一年，拿破仑在大西洋的圣赫勒拿岛上留下了一句名言：中国是一只睡狮，一旦他醒来，整个世界都会为之颤抖。1921年，中国共产党的红船从浙江嘉兴启航。此后，中国共产党团结带领中国人民展开的一切奋斗、一切牺牲和一切创造，都可以归为"实现中华民族伟大复兴"这一主题。

马克思、恩格斯关注中华民族伟大复兴。《马克思恩格斯全集》涉及中国的关联词有2100个。他们关注"长江""黄河""长城"，关注"中华帝国"的"解放中国""复兴中国""拯救人民"的状况，并且从战争中看到了"亚洲新世纪的曙光"和"中国社会主义"。他们甚至设计了名字"中华共和国"。

此时，孔子和马克思跨越时空相遇。郭沫若1925年在《洪水》半月刊上发表了《马克思进文庙》一文。孔子对马克思惊叹道："你这个理想社会和我的大同世界竟是不谋而合。"马克思对孔子感叹道："我不想在两千年前，在远远的东方，已经有了你这样的一个老同志！"郭沫若向我们阐释了中华优秀传统文化中，有契合马克思主义的政治观念和价值观念。任何文化要立得住、行得远，要有引领力、凝聚力、塑造力、辐射力，就必须有自己的主体性。这一

主体性是中国共产党带领中国人民,通过把马克思主义基本原理同中国具体实际、同中华优秀传统文化相结合建立起来的。孔子和马克思跨越时空相遇,促进了"两次结合"。

山东省广饶县刘集村是黄河下游一个普通的村庄。由陈望道翻译的《共产党宣言》中文首译本是简朴的小本子,1920年8月出版。新中国成立后,周恩来总理等党的领导人一直关注它的下落。1975年秋,来自山东省广饶县刘集村84岁的老党员刘世厚将它交给党组织。刘世厚是它的第三位保存者,前两位都已牺牲。刘集村早在1925年年初便成立了村党支部,该村先后有190多人走上了革命道路,为革命贡献过28位烈士。现在收藏于东营市历史博物馆的这本《共产党宣言》,见证了中华儿女对中华民族伟大复兴的坚定选择。

自从1943年4月,在延安的中央政治局会议决定党旗式样以来,中国共产党的旗帜从未改变。镰刀代表农民阶级,锤头代表工人阶级,中国共产党始终把人民写在自己的旗帜上。1944年夏天,曾三次过草地的29岁战士张思德,到延安的安塞县烧炭时因窑洞塌方牺牲。毛泽东同志获悉后,要求派人站岗值班,防止遗体被狼吃了,并要尽快挖出遗体,买一口棺材装殓。三天以后的追悼会上,毛泽东同志发表了题为《为人民服务》演讲。

100多年来,一代又一代中国共产党人为实现中华民族伟大复兴,拼搏奋斗,形成了井冈山精神、苏区精神、长征精神、遵义会议精神、延安精神、抗战精神、红岩精神、西柏坡精神、照金精神、东北抗联精神、南泥湾精神、太行精神(吕梁精神)、大别山精神、沂蒙精神、老区精神、张思德精神、抗美援朝精神、"两弹一星"精神、雷锋精神、焦裕禄精神、大庆精神(铁人精神)、红旗渠精神、北大荒精神、塞罕坝精神、"两路"精神、老西藏精神(孔繁森精神)、西迁精神、王杰精神、改革开放精神、特区精神、抗洪精神、抗击非典精神、抗震救灾精神、载人航天精神、劳模精神、青藏铁路精神、女排精神、脱贫攻坚精神、抗疫精神、"三牛"精神、科学家精神、企业家精神、探月精神、新时代北斗精神、丝路精神……汇聚成中国人昂扬奋进的洪流。中国面孔凝视着共同梦想,山再高,往上攀,努力登顶;路再长,走下去,定能到达。

江西省南昌市海昏侯刘贺墓出土的西汉孔子衣镜,孔子面朝远方,目光深邃,好像带着大大问号眺望未来。其实,孔子和马克思一样不是结论,均为问题的逻辑起点。面对孔子和马克思,我们不可活在"至圣"之下,而当青出于蓝而胜于蓝。

中国面孔同中华民族的五千年对话,不仅关乎"我们是谁",更指向"人类走向何处"的时代命题。当下,对历史最好的继承就是创造新的历史,对人类文明最大的礼敬就是创造人类文明新形态。

目录

第一章
九州共贯

第二章

六合同风

20

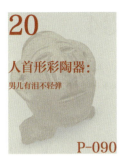

人首形彩陶器：

男儿有泪不轻弹

P-090

21

玉神人头像：

头上有犄角的小城"市长"

P-094

22

四坝人形彩陶罐：

河西走廊最酷的插兜少年

P-098

23

三星堆铜人头像：

4000多年前的"思想者"

P-102

24

妇好玉人像：

200多条甲骨卜辞上的传奇女子

P-106

25

孔子：

走出春秋时代，走进千秋万代

P-110

26

彩绘立人木俑：

谁是云中君

P-116

27

彩绘漆俑：

2000多年前的窈窕淑女

P-122

28

铜人擎灯：

"委屈巴巴"的守灵人

P-126

29

跪射俑：

赳赳老秦，与谁同袍？

P-130

30

文官俑：

大秦公务员的微笑

P-136

31

西汉彩绘指挥俑：

西汉最牛军事指挥员

P-140

第三章

四海一家

41

彩绘驼夫俑：

牵来骆驼队的丝路使者

P-194

42

卢舍那大佛：

伊河岸上的千年微笑

P-200

43

白瓷陆羽像：

温润如玉的江南"茶圣"

P-206

44

白玉持鹘童子：

草原上的英俊少年

P-210

45

妈祖：

海上世界的和平女神

P-216

46

岳飞：

壮怀激烈，精忠报国

P-222

47

巡海大神：

郑和下西洋

P-226

48

郑成功：

收复祖国宝岛台湾的英雄

P-232

49

林则徐：

开眼看世界第一人

P-238

50

陈祥榕：

清澈的爱，只为中国

P-242

第一章

九州共贯

01

北京人：

20 万年前北京人的"面"儿

名　　称	**北京人背鹿塑像**
人物时期	**旧石器时代**
考古学文化	**北京猿人文化**
现藏地点	**中国国家博物馆**
尺寸规格	**高 180 厘米、底座长 100 厘米、宽 56 厘米**
创 作 者	**杨鹤汀（当代）**

北京人是讲"面"儿的。20 万年前的北京人"面"儿长什么样？

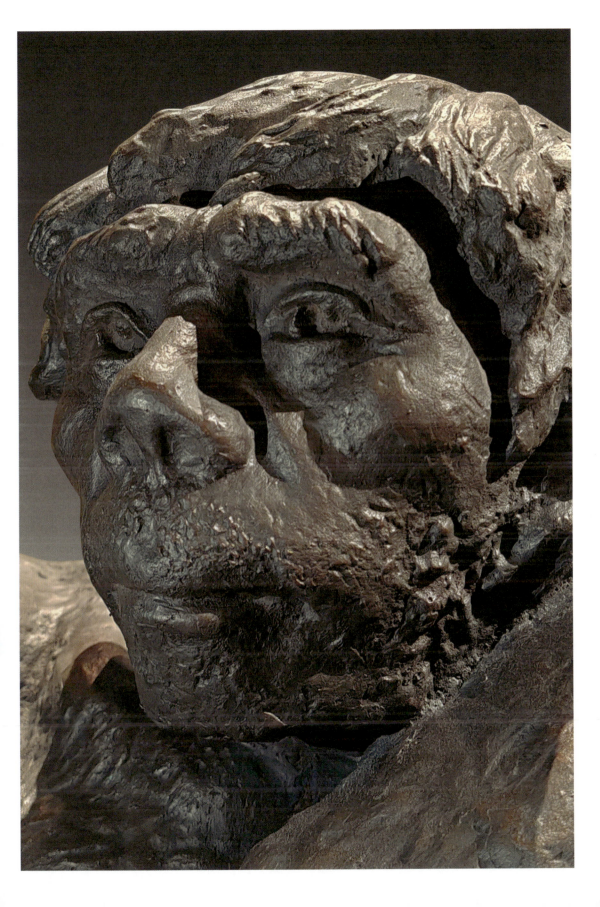

作为中国国家博物馆标志性的展览，"古代中国"陈列展入驻了该馆最大的一个展厅。站在展厅入口，迎面是一个北京人背鹿塑像，将历史一下子拉回到茹毛饮血的岁月。

黑格尔说："历史的真正舞台所以便是温带，当然是北温带，因为地球在那儿形成了一个大陆，正如希腊人所说，有着一个广阔的胸膛。"在这个温暖的胸膛里，中国广袤的大地上，孕育了早期的人类。考古发现证明距今200万年前，中华大地就有古人类生活。东亚地区是较早出现古人类的区域之一，元谋人、蓝田人、郧县人、北京人是其中的代表。

北京人遗址位于北京周口店龙骨山上，遗址堆积层厚40多米。这处遗址最先于1921年发现，后来古人类学家根据在遗址中发现的三颗牙齿化石，将活动在这里的古人类命名为"北京直立人"或"北京人"。1929年，我国学者裴文中发现了第一个较为完整的北京人头盖骨化石。此后，北京人遗址又相继发掘出五个头盖骨化石，共出土40多个个体的直立人化石，以及大量的动物化石和约10万件打制石器。这些化石和石器的发现，为复原北京人的体质特征和生活状况提供了重要证据。经测定，北京人生活在距今约70万～20万年。

背鹿人裸着身体，迎着寒风打猎归来，脸上有一丝温暖的笑意，特别是粗犷的眉骨与凝视的眼神，露出一种面对未来的坚毅。这件北京人背鹿塑像和中国猿人生活布景箱是杨鹤汀在贾兰坡先生指导下于1950年结合考古学复原成果与化石研究成果创作的。他塑造了北京人捕获到一只鹿类并将猎物背回洞穴的一个瞬间。杨鹤汀于1942年毕业于北京艺术专科学校雕塑系。他自幼喜爱刻皮影和写生画像，1946年在新生代研究室，师从裴文中从事考古美术工作，1950年承担中国历史博物馆原始社会陈列美术总体设计，出版书籍有《中国猿人》《尼安德特人》《山顶洞人》。

大约20万年前，北京人生活的地区有大片森林和水域，

背鹿人裸着身体，迎着寒风打猎归来

前额低平，眉骨粗大，颧骨高而前突，鼻骨扁平

气候温暖湿润。这里水草丰美，常有梅花鹿、野马等动物出没。北京人用石块、兽骨和鹿角等制作工具。他们制作石器的技术比较成熟，能够制成不同类型的工具，如砍砸器、尖状器、刮削器

等。北京人使用这些工具猎取动物，采集植物果实。他们结成群体，生活在一起，共同从事获取食物的劳动。

北京人遗址中还发现有灰烬、烧石和烧骨等，这反映出北京人已经会使用火。北京人用火烧烤食物、防寒、照明、驱兽，从而改善了生存条件。他们学会用火，是人类演化史上的里程碑。

北京人是世界上最重要的原始人类之一，这一发现对于研究古人类进化的历史具有重要的意义。周口店北京人遗址是迄今所知世界上内涵最丰富、材料最齐全的直立人遗址之一。通过对北京人的研究，可以发现早期猿人向现代人类演进和发展变化的规律，为人类起源的研究提供了可靠的证据。

令人欣喜的是，学者杨鹤汀为我们还原了北京人的生活状态，并呈现了诸多信息。其一，北京人形成了团队。资料显示，他们身高平均为157厘米，脑容量比现代人小。上肢与现代人相似，下肢较上肢略长，能够直立行走。他们生活在原始社会，打猎是他们的一项工作。艺术造型的背后，是他们要面对艰苦生存环境的状态。其二，北京人面容粗犷。背鹿人前额低平，眉骨粗大，颧骨高而前突，鼻骨扁平。这种结构可能具有减少鼻腔热量散失的功能，以适应寒冷气候。上下颌骨前伸，无下颏（下巴）。牙齿粗大，门齿呈铲形，这是东亚蒙古人种较为突出的体质特征。其三，北京人与现代人类的对比存在差异。如，北京人面部较短，眼窝较浅，眼眶低垂，鼻根宽厚，与现代人面部纵向延展的特点形成对比。此外，北京人下颌骨内面有明显的下颌圆枕（骨骼突起），颈部肌肉发达以适应咀嚼粗硬食物。

为何北京人是背鹿，而不是背野马、背野猪呢？其实，鹿较为温顺，在中国文化中能更好表达对自然的崇敬或人类与生态的关系。从周口店北京人的化石记录中可以看到，距今70万到20万年间，常见的动物有剑齿虎、肿骨鹿、犀牛、纳玛象、三门马、李氏野猪、葛氏斑鹿、硕猕猴、洞熊等。当时北京人以采集和狩猎为生，需躲避剑齿虎等掠食者，对肿骨鹿、葛氏斑鹿等动物依赖度高。其中，葛氏斑鹿是鹿类中的优势品种，占周口店动物化石的70%，可能为北京人主要肉食来源。

北京人和现代中国人有何关系？20世纪末21世纪初时，国际遗传学界有人提出，世界各地的现代人都来自东非，在距今大约10万至5万年间向各地扩散，取代了各地生存的古人类，成为全世界现代人共同的祖先，这就是著名的"夏娃理论"。近年来，从事旧石器时代考古研究的学者组织力量，对我国河南荥阳织机洞、郑州老奶奶庙、广东英德青塘等多个距今约6万到3万年的遗址开展考古发掘，获得了丰富的人类活动的遗迹和遗物，弥补了原来较为缺乏这一时期遗址发掘成果的薄弱环节。特别是在宁夏水洞沟、新疆通天洞、河南郑州西施等少数遗址，发现了欧亚草原流行的独特工艺技术制作的石器，表明确有外来的人群进入了现今中国境内，但他们并未取代原有人群及其文化传统，而是实现了共存融合。对此，中国考古学会理事长王巍认为，"中华大地古人类及其文化是'连续进化，偶有杂交'的"。中国科学院古脊椎动物与古人类研究所研究员高星认为，"以北京猿人为代表的古人类，确是现代中国人的祖先"。

一方水土养一方人，中国面孔是从中华大地生长出来的。走过百万年人类史、一万年文化史和五千年文明史，伴随着中华文明和中华民族起源，中国面孔逐渐清晰起来。在岁月的沉淀中，中国面孔成了中华文明精神标识。

02

愚公:

国博主厅的 C 位大咖

名　　称	**愚公移山**
人物时期	**新石器时代**
现藏地点	**徐悲鸿纪念馆**
尺寸规格	**高 144 厘米、宽 421 厘米**
创 作 者	**徐悲鸿（现代）**

　　愚公是历史长河中挑尽千古愁的担当者。中国人民的特质、禀赋铸就了绵延几千年发展至今的中华文明和伟大民族精神。

沿着北京中轴线，走到天安门广场东侧的中国国家博物馆一层主厅，迎面而来的是巨型花岗岩浮雕《愚公移山》。

浮雕上，几名高大健硕的壮年男子，顶天立地，手持钉耙奋力挥向大地；他们姿势表情不一，或呐喊或瞠目，或蹲踞或挺身，呈现出蓄雷霆之力蓬勃待发的动态美感，大有要撑破画面而出的气势。

浮雕图像源自徐悲鸿的油画《愚公移山》，是徐悲鸿1940年在印度大吉岭创作的。

愚公移山的故事出自《列子·汤问》。愚公因太行、王屋二山阻碍其出入，带领子孙想把山铲平。有人因此取笑他，他说："虽我之死，有子存焉；子又生孙，孙又生子；子又有子，子又有孙；子子孙孙无穷匮也，而山不加增，何苦而不平？"可贵的是，邻居也随后加入了移山队伍。愚公率领一群普通人，以群体的力量开启一番伟业。他的言行感动了上帝，两座山被搬走了。

《愚公移山》是中国的神话故事，但是人物怎么那么像外国人？举锄人的原型其实为印度人，因为浮雕作品取材的正是徐悲鸿客居印度国际大学时所作的国画《愚公移山》。1939至1940年，应印度大诗人泰戈尔之邀，徐悲鸿赴印度举办画展宣传抗日。1940年2月，徐悲鸿正式开始创作《愚公移山》。为了创作便利，他选择当地人充当人物模特，印度国际大学炊事员拉甲枯马尔啼亚（Raja Kumari Tia）成为举锄人的原型。徐悲鸿在《我在印度》中记述："大腹便便的炊事员拉甲枯马尔啼亚很'荣幸'地成为主要模特儿之一，高兴、认真、随叫随到，做了开山、劈石、挑土等很多画稿的'范人'。因是巨幅创作，历时足足一个月。" 也有人曾问画家为何要在中国历史题材中加入印度人形象，徐悲鸿说："虽是印度人，但都是勤劳的劳动者，形象不同于中国人，意义却是一样的。"

从愚公侧面形象看到了什么？愚公是以粗布裹身的老年劳动者形象出现的。

愚公眉头紧锁

先看体态。愚公虽年迈，但清瘦而刚毅，身躯魁梧、肌肉结实，呈现出劳动人民的强健体魄。特别是手臂，肌肉紧绷，仿佛正在开凿山石。侧面构图强化了动作的力度，形成视觉上的张力。此时，老翁似乎正在语重心长地对下一代人叙述自己的愿望和信心，描绘着未来的美好景象。

再看面部。侧面视角下，愚公的眉头紧锁、嘴唇紧闭，胡须蓬乱，传递出一种沉默而顽强的意志。他的身后青山横卧，天高云淡。这种刻画弱化了传统文人画中的仙风道骨，更贴近底层劳动者的真实形象。

还有周边。用周边人进行烘托。左边一只大象，背上负有大筐。跟大象迎面而过的是一个躯体高大、肩担箩筐的男子。右边是愚公，他银发长须，正在跟邻人

巨型花岗岩浮雕《愚公移山》（局部）

京城氏"孀妻"谈话。左右各有一小孩，其中一个端着碗正在吃饭，另一个双手搬着簸箕。前面山口几个壮男，正抡起镢头与钉耙挖山。背景有运石头的牛车，妇女小孩们也参加了挖山运石的工作。

　　整个画面只见到四个中国人，其余的都是印度人。画面为什么画裸体，艾中信先生曾问过画家，画家说："不画裸体表达不出那股劲。"向山石宣战是要用很大的体力，倘若叩石者都穿上服装，全身使劲的紧张状态就不容易充分表现出来。画家利用线条的转折、粗细、前后、虚实，充分地表现了人体美以及征服自然世界的力量。

现代 徐悲鸿《愚公移山》

为何愚公能走进国博主厅的 C 位？走访多位专家学者和亲历者，归纳起来，大致涉及四个方面因素。

一是构成一段国家记忆。中国国家博物馆就是中华文化的祠堂和祖庙，联结着中国的昨天、今天、明天。国博也是中国梦启航之地。选择《愚公移山》，体现了文化情怀和对历史的尊重。徐悲鸿通过愚公的侧面形象，将中国古代寓言转化为具有现代意义的视觉宣言。这一形象既是个人英雄主义的彰显，也是集体力量的缩影，其艺术价值不仅在于技法的革新，更在于它成了一种奋斗的文化符号。

二是本身就是精彩的中国故事。中国人需要愚公移山的精神。1940 年正值中国人民抗日的危急时刻，徐悲鸿着重以宏大的气势，震人心魄的力度来传达一个古

老民族的决心与毅力。毛笔画就顶天立地之人体，自信坚定，气势磅礴，整幅画面凝聚成一股排山倒海般的气势，形象生动地表达了抗日民众的决心和毅力，鼓舞着人民大众去争取最后的胜利。

三是用国际化语言解读中国。国博是国际文化客厅。在绘画笔法和色彩方面，这幅画充分体现了作者在中国传统技法和西方传统技法上所具有的深厚功底。中国传统绘画中的白描勾勒手法被运用于人物外形轮廓、衣纹处理和树草等植物的表现上，而西方传统绘画强调的透视关系、解剖比例、明暗关系等，在构图、

人物动态、肌肉表现方面发挥得淋漓尽致。徐悲鸿在这幅作品中将中西两大传统技法有机地融会贯通成一体，独创了自己"中西合璧"的写实艺术风格。

四是新时代呼唤中国精神。愚公的故事体现出中国人"人定胜天"的强烈愿望和变革大自然的雄伟气魄。毛泽东在延安革命根据地时，把愚公移山精神与改变中华民族命运联系了起来。1938年，他在抗大毕业典礼的讲话中首次引用了《愚公移山》的传说。1939年1月28日，在抗大五期开学典礼上，毛泽东再次引用了《愚公移山》的故事。1945年6月

11日，在中国共产党第七次全国代表大会闭幕式上，他第三次引用了《愚公移山》的故事，揭示出了紧紧依靠人民这个"上帝"是中国共产党人唯一的力量源泉，由此愚公移山精神成为中国共产党人真心团结和带领中国人民去改天换地的精神标识。

愚公是历史长河中挑尽千古愁的担当者。中国人民的特质、禀赋铸就了绵延几千年发展至今的中华文明和伟大民族精神。愚公移山和盘古开天、女娲补天、神农尝草、夸父追日、精卫填海等我国古代神话一样，深刻反映了中国人民勇于追求和实现梦想的执着精神。这是我们坚定文化自信的底气，也是我们风雨无阻、实现中华民族伟大复兴的根本力量。

03

陶塑人头像：

八千多年前的草原"老祖母"

名　　称　　**陶塑人头像**

时　　期　　**新石器时代**

考古学文化　　**小河西文化**

出土地点　　**内蒙古敖汉旗榆树山遗址**

现藏地点　　**中国考古博物馆**

尺寸规格　　**长5厘米、宽2.5～3.1厘米、厚1.4～2.6厘米**

内蒙古高原的风很硬，一位浓眉的"老祖母"双目瞪着寒冷的草原尽头，充满温情，嘴部也微张，似乎正在念着祝福，以庇佑着部落人群走向前方。

这尊陶塑人头像属于小河西文化，其年代可追溯至距今约 8500 年。小河西遗址最早发掘于内蒙古自治区敖汉旗木头营子村孟克河西岸一级台地上。1987 年人们对其进行首次发掘，因为与兴隆洼文化遗存有别，该类遗存被命名为小河西文化。1988 年在敖汉旗孟克河东岸又发现榆树山、西梁两处新石器时代聚落遗址，同属小河西文化。小河西文化是西辽河流域迄今发现的年代最早的新石器时代考古学文化遗存之一，也是兴隆洼文化的直接源头。

这尊陶塑人头像为泥质灰褐陶，由手工捏制而成，是目前小河西文化发现的唯一一例人像资料，也是迄今为止东北地区发现的最早的陶塑人面像，虽然工艺较原始，但造型写实生动。

一是头像面部轮廓较清晰。长脸，头顶略平，脸部两颊稍宽，下颌呈圆弧形。五官比例协调，兼具写实性与抽象化风格。

二是面部细节突出。陶塑人头像的眼睛为圆形，带有"沉思"的神秘神态。其浓眉凸显，双目圆瞪；鼻梁挺直，鼻头宽大，立体感较强，或与北方族群体质特征或艺术夸张有关；嘴部用一道稍长凹线表现，呈椭圆形，风格古朴。

三是头部似有装饰。头上可能经简单磨光。从侧面看，头顶或有象征性的发髻等装饰痕迹，可能体现当时的社会身份。看上去，很像一位"老祖母"正与后辈交流。

他们当时生活状况如何？根据文物普查资料，敖汉旗境内共发现小河西文化遗址 10 余处。遗址内发现的聚落规模偏小，房址数量约为 10 ~ 50 座，大体成排分布，均为长方形或方形半地穴式建筑，室内面积约为 15 ~ 50 平方米。

当时人们的食物结构有从采集渔猎向原始农业过渡的特点。在辽西的同期遗址中，已发现炭化的粟、黍遗存，表明小河西文化可能已开始初步的农作物栽培。这些耐旱作物适应了中国北方的半干旱气候。房址内还出

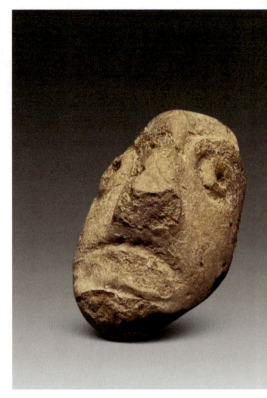

浓眉凸显，双目圆瞪

土有较多的动物骨骼。这表明，鹿、野猪、野兔等中小型动物是主要的狩猎对象，为人类提供肉类和皮毛。这一时期的饮食模式体现了人类适应环境、逐步掌握食物生产技术的历程。

小河西文化时期使用有陶器。其质料为夹砂陶，以素面陶器为主，没有装饰纹饰，陶器底部较厚。先民这一时期已掌握了一定的烧制技术，但技术水平还不算高，因而烧制火候较低，陶质疏松，陶器耐用时间短，容易出现掉渣的现象，已发掘的陶器难以复原。有的陶器因未烧透，陶胎便成灰色或黑色。素面陶居多，少数器口下侧施倒三角状刻画线纹。虽然陶器粗朴简单，烧制水平较低，但这

是人类社会创新的一个起点。

小河西遗址出土的遗物还有石器、骨器、骨梗石刃器等。石器的加工方法分为打制、磨制、琢制和压削四类，主要器类有亚腰石铲、斧、斧形器、锛、凿、饼形器、石叶等。骨器有锥、匕、刀等。骨梗石刃器，有一侧或两侧嵌粘石叶的刀。

陶塑人头像有何功能？"老祖母"是在聚落遗址9号房址出土的，因唯一而显得珍贵。这类塑像出土的"原境"大致有三种，一是被放置在居住房屋里的特定位置上，二是位于墓地上的建筑之中，三是人生前或死后佩戴在身上，均显示出它们在当时社会信仰系统中各有不同的位置。在生产力水平低下的年代，任何一种特殊的"纪念性"艺术品，不会单纯是作为纯艺术品来欣赏的，而是承载着社会信仰价值的意义。辽西地区史前人像，除部分小型人面像具有一定的佩戴、装饰功能外，应蕴含着更深层次的原始宗教和祭祀意义。

原始宗教是人类宗教发展的最初形态，有祖先崇拜、女神崇拜、生殖崇拜、丰产崇拜等形式。小河西文化时期发现的小型陶塑人头像，造型生动，承载的应是祖先崇拜的意义。在原始宗教观念中，人死后灵魂并没有就此消亡，而是以另外一种状态继续存在。小河西文化先民希望获得祖先的庇佑，因此将祖先作为主要的偶像加以崇拜。

人像崇拜是旧石器时代晚期以来欧亚大陆北部地区普遍存在的现象，小河西文化陶塑人头像的发现，对于了解辽西地区史前社会的发展阶段及文明化进程具有十分重要的意义，也为解读社会演进形态研究提供了案例。

一是原始信仰的物化。可能是祭祀、祖先崇拜或神灵偶像的载体，反映先民对"人"本身的关注及精神信仰的萌芽。二是社会身份的象征。其头部装饰的细节，或代表部落首领、巫师等特殊角色。三是艺术交流的见证。其风格与后来的红山文化"女神像"等存在差异，后者更重女性特征与写实，但同属辽西地区，存在着文化交流互动。四是充满地域特色。不同于黄河、长江流域同期陶塑，展现了北方草原地带独特的审美与工艺传统。

小河西文化的陶塑人头像后来是如何发展的？小河西文化遗址的发现数量较少，规模偏小，尚未发现大型中心性聚落，但从房屋形制、聚落布局、经济形态和出土遗物等多方面特征看，小河西文化为兴隆洼文化的兴起奠定了良好的基础，对其后的兴隆洼文化、赵宝沟文化、红山文化等辽西史前考古学文化产生了重要的影响。如兴隆洼文化时期延续了小型人面像的传统，还开创了大型石雕人像的传统，用以雕刻的材质也更加多样，出现蚌刻、石刻和骨质小型人面像。赵宝沟文化时期出现五官清晰的陶塑人头像，小山遗址还发现在石钺上阴刻的人面像。红山文化时期人像发现数量最多，材质最为丰富，包括玉质、石质、陶塑、泥塑四类，成为辽西地区史前人像发展的鼎盛时期。

"老祖母"形象以简练的手法传递了先民对"人"的认知与精神世界的表达，成为研究中国北方新石器时代晚期社会、宗教与艺术的珍贵实物资料。

04

陶塑雕题纹面人头像：

微笑的纹面少女

名　　称	**陶塑雕题纹面人头像**
时　　期	**新石器时代**
考古学文化	**双墩文化**
出土地点	**安徽省蚌埠市淮上区小蚌埠镇双墩村双墩遗址**
现藏地点	**蚌埠市博物馆**
尺寸规格	**头高 6.3 厘米、面宽 6.5 厘米**

你见过一抹 7300 多岁的莞尔一笑吗？这微笑来自淮河流域。这是一位怎样的女子？她有怎样的传奇？她在向谁莞尔一笑？

这世界真奇妙。你见过一抹7300多岁的莞尔一笑吗？

这微笑来自淮河流域。看到"陶塑雕题纹面人头像"的那一时刻，会让我们发起一连串的提问：这是一位怎样的女子？她有怎样的传奇？她在向谁莞尔一笑？

走近看，少女眉弓粗弯，双目圆睁，眼睛炯炯有神，脸颊椭圆，鼻子扁平微翘，小嘴张开，耳朵上还有穿孔，微微带笑，凸显出一个7300多年前美丽少女的形象。这件陶塑雕题纹面人头像为陶质，从陶器的硬度和密度来看，其烧制温度达到了900度左右，说明双墩文化时期有一批熟练的技术工人来烧制陶器，是中国制陶发展史上的典型代表。

在新石器时代陶器艺术领域，女性人头形象的装饰陶器在中国出现较早，双墩遗址的这件陶塑雕题纹面人头像和半坡遗址出土的带流人头瓶、秦安大地湾出土的人头形器口彩陶瓶、柳湾遗址出土的人形浮雕彩陶壶都是这类代表。它们都有祭祀的功能，代表着可以沟通神灵的巫师或部落首领的形象，帮助部族先民实现心中所想。

这件人头像还有三个特别之处。

第一个特别之处是少女的额头上有两个同心圆构成的太阳花纹饰。双墩遗址出土的600多件刻画符号中有多件太阳花纹符号——这是太阳崇拜的体现。这种常见的额头太阳花符号曾出现在中亚、美洲等地区的青铜时代以及玛雅文化时期。在河姆渡文化中，也出现过同心圆式的太阳花。太阳可以驱散人们对黑夜的恐惧，加速作物生长，帮助人们获取食物，让经历夜间寒冷的人们重新获得保持体温的温度。于是，双墩人对自然的依赖性形成了他们对太阳的崇拜。少女戴上太阳花纹饰，使太阳花人格化，少女便意喻成了太阳花女神。于是，简单的符号便转化为温婉有情的神灵。

第二个特别之处是少女的面部出现了最古老的纹面现象。她的面部两边各有五个对称的圆点刺纹，连成两条斜线，雅致而神秘。文身和纹面，是人类内部精神世

太阳花纹饰、纹面、云母粉末

眉弓粗弯，脸颊椭圆

雕题

界的一种外在体现，时至今日，纹面与文身习俗依然存在。这件人头像可以被视为文身的源头。还要看到，根据现代民俗学考证，早期文身可不是叛逆，反而寄托了诸多的祈愿和诉求，如繁衍发展、驱邪避魔、张扬个性、恐吓敌人、吸引异性等。

第三个特别之处是人头像的面部出现了云母粉末。这件人头像与双墩遗址出土的其他器物不同，先人在烧制材质中加入了当时很少用的云母粉末，在光线照耀下通体闪亮发光，一下子让少女的面庞头像时尚了起来。

总之，在太阳花纹饰、五个对称圆点和云母粉末的加持下，印证了7300多年前的双墩先民已经将美从实用性、功能性中发展与分离了出来，呈现了中华文明史上审美创造的进步。

若靠近细心观察，这件人头像的右耳处有一圆孔，可能是为了方便当时巫师或部落首领沟通神灵，随时将其穿绳佩戴在身上。要知道，在生产力低下的原始社会，面对各种生存和发展危机，有时微笑着求助神灵或许是最有效的无奈选择。

此时，再回望饱含着远古温情的太阳花女神，她仿佛正在微笑着沟通神灵，不断地祈愿和祝福，为自己、为家人、为我们，为过去、为现在、为未来。由此，她莞尔一笑里，有了沉甸甸的担当。

右耳圆孔

05

陶人面像：

自我意识觉醒的高鼻梁大叔

名　　称　　**陶人面像**

时　　期　　**新石器时代**

考古学文化　　**仰韶文化**

出土地点　　**陕西省宝鸡市北首岭遗址**

现藏地点　　**中国考古博物馆**

尺寸规格　　**高 7.3 厘米、宽 9 厘米、厚 1 厘米**

　　遥想这位 5600 多年前的高鼻梁大叔塑像在出窑时的种种期望，俱往矣。如今，中华大地已经从"自我意识开始上升"走进了注重以人为本的时代。这一历程，彰显了中华文明独特的连续性和创新性。

或许你好奇，远古时期的男神应该长得什么样？其实大多数人没有见过，因为那时没有今天的摄影摄像装备。但是，1958年在陕西省宝鸡市北首岭遗址中发现的陶塑人头像，给我们提供了参照样本。

这是一件远古人的"写真像"。陶人面像为细泥烧制的红陶，人头像高7.3厘米、宽9厘米、厚1厘米。经过复原后可以看出，他的面部较宽，宽于头长，脸部丰满，鼻梁挺直，下巴微圆。头顶部分是平的，头发用绳纹表现。眼睛及口部呈长条形。双耳扁平，穿有可挂耳饰的小孔。从黑彩呈现的眉毛和胡须可以看出，写真像呈现了一位平和而又庄重的中年大叔面部表情，清新而不油腻。

陶人面像也是我国目前已知时代最早的人头像雕塑绘画作品之一。当时，北首岭遗址属于新石器时代仰韶文化，处于母系社会向父系社会过渡时期，北首岭遗址中出土的陶塑彩绘像是诸多陶塑人像中少有的男性形象。这为研究原始社会母系氏族妇权向父权的转化过程及雕塑艺术起源，提供了鲜活的物证样本。

人面像为何会出自北首岭遗址？

一是有浓厚的文化环境。宝鸡古称"陈仓"，早在史前时期，先民已在这里构筑家园，繁衍生息。据不完全统计，宝鸡仅新石器时代遗址就达900余处，是黄河流域考古发现早期先民聚落遗址最为密集的地区。北首岭遗址地处宝鸡市金陵河畔的二级台地上，是原始先民生存和发展的理想之地。这里出土的陶塑人头像、鸟衔鱼纹壶、双鱼纹盆、网纹船形壶等以其造型精美、内涵深刻，成为反映这一时期彩陶发展的经典之作，也成为打卡博物馆的网红文物。

二是出现了创作人面像的颜料。在北首岭遗址和后来发掘的姜寨遗址（位于陕西省西安市临潼区）中，出土了迄今发现最早的彩绘用具，如石砚、磨杵、陶杯及色料块等。其中，北首岭墓葬出土的一件研磨盘是用大理岩磨制而成，类似今日的砚台，正面有两个凹窝，可

黑彩呈现的眉毛

鼻梁挺直

分别调两种颜色。颜料在房址和墓葬均有发现，有红、黄、紫三色，以红色为最多，经鉴定为天然赤铁矿矿物颜料。经实验发现，墓葬所出之红颜料，烧出来呈红色，地层出土的紫颜料烧出来是黑色。

三是出现使用毛笔的痕迹。彩绘用的笔迄今未见实物，而从其彩陶纹饰来看，又有明显的笔迹。如北首岭遗址出土的陶钵，彩绘行笔随意、利落，仔细观察其笔迹，可以看出：彩绘是直接施于细泥红陶坯表面，没有划痕，说明所用的笔头相当柔软；线条时粗时细，说明笔头具有很好的弹性；线条流畅，表明笔头不干涩，可吸入一定量的水分。可以推测，新石器时代制作彩陶的彩绘用笔应该是比较成熟的毛笔。

四是北首岭人的自我意识开始上升。值得关注的是，随着陶器的大量出现，先人把生活中见到的精彩场面用简练、单纯且特征鲜明的纹饰记录在这些陶器上，并逐渐发展到祭祀、崇拜、图腾活动中。塑与绘结合，成为史前人像雕塑创作方法的特点。这类塑像可能被看成是祖先灵魂的象征，起到沟通人界与神界的替身和中介作用。其制作精心，表现准确，由认真的创作态度可以看到制作时所持的尊崇情感。此时，先人们可能开始认为自己在自然界也可以处于一种最应被尊重的地位。巫师戴上塑像，成为一种亦人亦神的角色，就是"戴上面具是神，摘下面具是人"。其背后，是先人的独立意志和自我崇拜的增强，随之自我认知开始一次次飞跃。

遥想这位 5600 多年前的高鼻梁大叔塑像在出窑时的种种期望，俱往矣。如今，中华大地已经从"自我意识开始上升"走进了注重以人为本的时代。这一历程，彰显了中华文明独特的连续性和创新性。

06

人面鱼纹彩陶盆：

6000多年前的"美人鱼"

名　　称	**人面鱼纹彩陶盆**
时　　期	**新石器时代**
考古学文化	**仰韶文化**
出土地点	**陕西省西安市半坡遗址**
现藏地点	**中国国家博物馆**
尺寸规格	**口径 39.8 厘米、底径 13.5 厘米、高 16.5 厘米**

　　半坡人面鱼纹彩陶盆是公认的仰韶文化彩陶艺术精品。陶盆体现的不仅仅是装饰图案，也体现了远古时期人们对生命、死亡与重生的思考。

头部圆圆，眼睛眯成一条线，脸面有一种神秘的萌，尾巴像中华田园犬一样快意地上扬。这是6000多年前中国美人鱼的样子吗？

这件著名的"人面鱼纹彩陶盆"，1955年于陕西西安半坡遗址出土，生动勾勒出人衔鱼的神秘面孔，也是中国迄今发现较早的人鱼形象。近看，人面呈圆形，头顶有似发髻的尖状物和鱼鳍形装饰。前额右半部涂黑，左半部为黑色半弧形。眼睛细而平直，似闭目状。人面由人鱼合体而成，在人面双耳部位也有相对的两条小鱼分置左右，从而构成形象奇特的人鱼合体。后世诸多以人面鱼身组合而成的图案，或许源自这一早期雏形。

这件"美人鱼"为我们带来了6000多年前的一些信息。

陶盆中心是旋转的。若将盆内装上水，盆壁的鱼则有水中游的灵动自在感。《庄子·大宗师》有云："鱼相造乎水，人相造乎道。相造乎水者，穿池而养给；相造乎道者，无事而生定。故曰，鱼相忘乎江湖，人相忘乎道术。"此时，世界仿佛逆时针旋转起来：双鱼似乎在水中沿着水流游动，也似乎在宇宙中沿着银河逆时针游动。两个人面鱼纹也是对称布局，呈漂浮游动状态，像是道教常用的八卦图，也似佛教中"卍"字符，使整体画面充满了运动张力和奇幻色彩。这种旋转或并非随意，是经过精心设计，可能象征宇宙的运动或生命的轮回。这种旋转感不仅体现在人面与鱼纹的排列方式上，还与陶盆口沿的十字结构相呼应，体现出先民对天地运行规律的认识。

陶盆呈现了天圆地方理念。陶盆是儿童瓮棺上部的盖。整体器型呈现圆形，象征苍穹，而内部的图案布局则可能代表大地秩序。盆沿装饰着四个方位符号"|"和四个日影符号"∨"，这些符号在文化上承载着丰富的内涵。盆上的两个人面分别指向两个方位符号，而两条鱼的游动方向则与其他两个方位相关，鱼头和鱼尾则指向日影符号。这样的设计可能是在表达太阳在南北回归线之间的运行规律，并且暗示了东、西、南、北四个主要

人衔鱼的神秘面孔

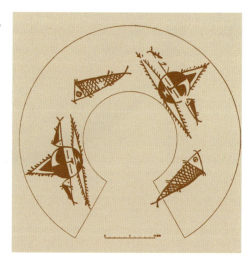

对称布局的人面鱼纹（人面和鱼纹共含12条鱼）

方位，以及东北、西北、东南、西南四个次要方位的对应关系。方位符号构成的十字象征着空间的分布，而日影符号则代表时间的变化。八个点联在一起，构成八星图。这一设计与后来的八卦理论相契合，展示了先民对天地万物运行规律的认知，构成"天圆地方"的宇宙观。

陶盆亦动亦静。对照陶盆十字线，人面整体重心偏向右侧，呈现出一种向外顶出的趋势。这种不对称的设计可能是古人基于美学原则的有意安排，抑或是在表达天体运行或水流运动。此时，鱼纹呈现游动之态，似乎鱼追人、人追鱼，同时人又追鱼、鱼又追人，两两相对，构成一种朴素的连环画，似乎呈现叙事特征的视觉表达。双鱼和双人面搭配，使得整个构图在静态中展现出动态感。这种动静结合的表现方式，或许蕴含着对生命循环、自然变化的思考，亦可能与某种宗教仪式或象征意义相关。值得关注的是人面和鱼纹共含 12 条鱼，或许喻指一年四季 12 个月的周而复始，不仅呼应八角星纹的方位空间观，更表现出古人的时间观念。天地的运行并非静止，而是永恒循环的。日升月落、四季更迭，宇宙中的万物都在进行着周期性的运动，这种旋转模式恰似生命的轮回和延续。《周易》所述"天行健，君子以自强不息；地势坤，君子以厚德载物"，更是展现了这一世界观对中华民族精神品格的深远影响。

人鱼是合一的。人面鱼纹图案的发现地点多位于儿童瓮棺葬墓中，这些人面的眼睛多呈闭目状，可能象征死亡或灵魂的安息。有研究认为，该图案所表现的形象可能是一种人鱼合体的神灵，或者是巫师请鱼神附体进行祭祀的仪式场景。此外，部分学者推测，人面鱼纹也可能代表一种图腾崇拜，即先民将鱼视作具有神秘力量的生物，并赋予其灵性与保护作用。人面鱼纹中的人面部分带有特殊的细节，如头顶的尖状物以及嘴角两侧的三角形附加线条。学者们对此有不同的解读，一种观点认为这些线条可能代表胡须，而另一种推测则认为其可能象征女性生殖器，反映了远古时期的生殖崇拜观念。

方位符号"|"

日影符号"V"

无论哪种解释，都显示出这一图案背后深厚的文化象征意义，可能与古代社会的性别观念、图腾信仰或部落身份认同相关。

圆脸上"黑"与"白"对比明显。人面鱼纹的图案使用了黑白反差的手法，可能是反映月相变化，表现古人对月亮盈亏规律的认知。结合仰韶文化其他遗址出土的类似纹饰，人面鱼纹可能不仅仅是装饰性的图腾，还承担着记录天象、标示时间的作用。而这一黑与白的细节，代表了观察太阳、月亮等天体的视角，可能正是对阴晴圆缺、昼夜更替现象的视觉表达。这一设计手法不仅暗示了古人已经具备一定的天文知识，也展现了他们通过艺术手法记录自然规律的能力。

陶盆呈现"生"与"死"的二元对立。人面鱼纹彩陶盆为儿童瓮棺的上盖。类似半坡文化的瓮棺上盖中央通常有一个小孔，小孔上往往盖一小块陶片，小孔是供灵魂出入的通道。依据现场材料推测，儿童应为女童，儿童母亲应为部落首领或上层领导者。人面鱼纹可能象征着某种招魂仪式，目的是通过鱼神的庇佑，使夭折的儿童灵魂得以安息，并有机会复活或重生。值得注意的是，姜寨遗址和西乡何家湾遗址出土的部分人面鱼纹中，人面的眼睛被绘制为睁开状，这可能象征着灵魂的复活。龙岗寺遗址出土的一件尖底陶罐上，描绘了12个整齐排列的人面，其中睁眼和闭眼的形象交替出现。这种分布模式，或许暗示着生与死的交替转换，进一步印证了人面鱼纹可能承载的轮回信仰。这种信仰体系强调了生命的轮回，鱼的形象不仅象征水源与生机，也被赋予了重生与庇护的神性。

仰韶文化展现的是母系氏族制度由繁盛至衰落时期的社会发展和文化成就，半坡人面鱼纹彩陶盆是公认的仰韶文化彩陶艺术精品。陶盆带来的不仅仅是装饰图案，也体现了远古时期人们对生命、死亡与重生的思考，并与女神崇拜、灵魂信仰密切相关。这一信仰体系，不仅影响了仰韶文化时期的社会观念，也可能对后来的中国民俗信仰产生了深远影响。

八个点联在一起，构成八星图

07

人面纹陶支脚:

笑眯眯的江南吃货

名　　称　　**人面纹陶支脚**

时　　期　　**新石器时代**

考古学文化　**河姆渡文化**

出土地点　　**浙江省余姚市田螺山遗址**

现藏地点　　**浙江省文物考古研究所**

尺寸规格　　**底径 18 厘米、高 20 厘米**

　　历史未曾走远。这位田螺山吃货见证了中华民族追求物质文明和精神文明协调发展的演进历程。

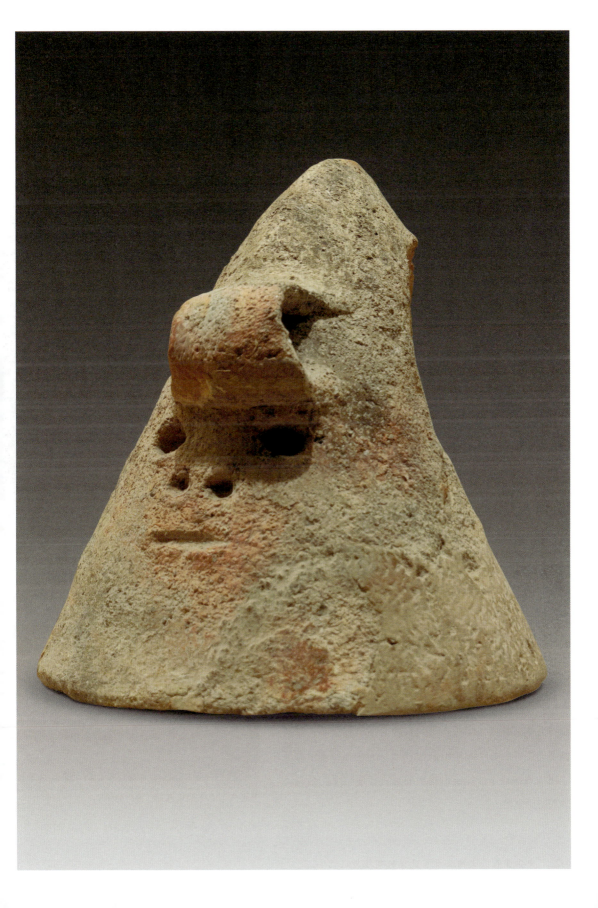

诗人白居易的"江南好,风景旧曾谙"几乎人人皆知。然而,你知道吗?在"风景旧曾谙"里还沉淀着江南吃货和江南美食的记忆。

这是 2004 年浙江省余姚市田螺山遗址出土的新石器时代器物——人面纹陶支脚。若有三个同样的人面纹陶支脚放在一起,就可以支一口锅做饭了。我们看到的这个支脚标本,高 20 厘米,底径 18 厘米,是夹砂红陶材料的炊器。支脚下部为中空的喇叭形,下方用截孔加刻画的方法装饰了人面形象。器物虽小,却透出 5500 多年前的吃货的诸多信息。

民以食为天,中国自古就注重饮食文化。在山西省临汾市博物馆,有件吉县沟堡村出土距今约 5500 年的"陶人面桶形器",被称为"灶王奶奶"。因为进入母系氏族社会后出现了灶,灶和火由氏族中威望高的女性管理。进入父系社会后,女灶王很长一段时间还在被沿用,直到汉代才出现了男灶王。通过对灶王奶奶形象的供奉和祭祀,先人们表达了对家庭幸福和美满生活的祈求。

人面纹的设计元素可能寓意着保护和祝福,在某种程度上代表了对火的崇拜和敬畏。你看,人面形象非常生动,弯曲的刘海夸张地翘起,大大的眼睛充满开心之意。两个鼻孔放大,似乎在使劲儿地嗅从锅里飘来的香味儿。嘴巴尽管在矜持地抿着微笑,保持状态的优雅,但快要溢出的口水,仍掩盖不住吃货本色。这种兼具美观和实用的设计,方便人们提起和移动,又让人在制作美食时看着他忍不住诙谐一笑。

吃货的生活环境是什么样?

从远处看,田螺山地下古村落是由多座干栏式长屋组成的氏族村民居住区,位于杭州湾南岸被四明山余脉夹持的姚江谷地北侧,并处在一个低丘环绕的小盆地中部,自身北侧依托一个海拔 5 米的东西向小山包分布,其两侧不远处有小溪自北向南流经,并注入外围湖沼和浅海湾。这里大致构成了一座依山傍水的远古江南村落,是先民理想的栖息地。

弯曲的刘海夸张地翘起,放大的鼻孔,矜持的嘴唇

支脚上的陶锅里会有什么美食呢？

田螺山古村落里，稻谷壳堆积，有散落各处的芡实、南酸枣、薏米、葫芦籽、橡子壳、麻栎果壳、大大小小的鱼骨鱼刺鱼鳞、成堆的动物碎骨，随处可见的完整菱角和经咬食后丢弃的菱壳，满坑存储的橡子、叶脉清晰的树叶，甚至从灰烬堆里留下来的未分解的狗粪块。这些都在清晰地表明当时食物种类的丰富程度。对此，学者张光直认为，这里有"富裕的食物采集文化"。

田螺山古村落里，发现了独木舟毛坯加工处，并出土了独木舟模型，这说明海鲜和河鲜也是当时吃货的锅中美食。田螺山遗址还出土了带锅巴的陶片。陶片皆为陶釜底部碎片，有烟熏痕迹，内面有黑色锅巴，还有可清晰辨认的炭化米粒。这证明先民以稻米为主食和用陶釜烧煮米饭。田螺山遗址也反映了海侵发生后先民从沿海向内陆山丘及高地的迁徙过程，是先民生活生产方式从海洋捕捞向内陆稻作农业转变的实证。特别引人注目的是，田螺山古村落里发现了山茶属树种，浸泡后的水中可检测出较大含量的茶多酚。这说明，田螺山吃货已经人工栽种茶树，并可能开始饮茶，进入更高层面的文化消费了。

为何会出现三足的灶支脚呢？

三足的灶支脚和三足的陶鼎，都是科技进步的结果。在陶鼎产生以前，曾经有一个用陶釜和支脚作为主要炊器的时代。在陶鼎发明后，陶支脚仍然被使用很久才完全被陶鼎所取代。随着炊器设计的进步，"三足鼎立"的概念逐渐成形，使得陶支脚的使用逐步减少，最终消失在历史的长河中。

历史未曾走远。这位田螺山吃货见证了中华民族追求物质文明和精神文明协调发展的演进历程。今天，我们追溯、我们追踪、我们追问，就是为了更好地走向未来。

08

镶玉睛陶女神头像：

神秘的红山文化鼻祖

名　　　称	**镶玉睛陶女神头像**
时　　　期	**新石器时代**
考古学文化	**红山文化**
出土地点	**辽宁省朝阳市牛河梁遗址**
现藏地点	**辽宁考古博物馆**
尺寸规格	**高 22.5 厘米、面宽 16.5 厘米、通耳宽 23.5 厘米**

　　谁是红山文化鼻祖？考古人员于 1983 年在辽宁省朝阳市牛河梁遗址女神庙发现的"镶玉睛陶女神头像"揭开了 5500 多年前红山文化的面纱。

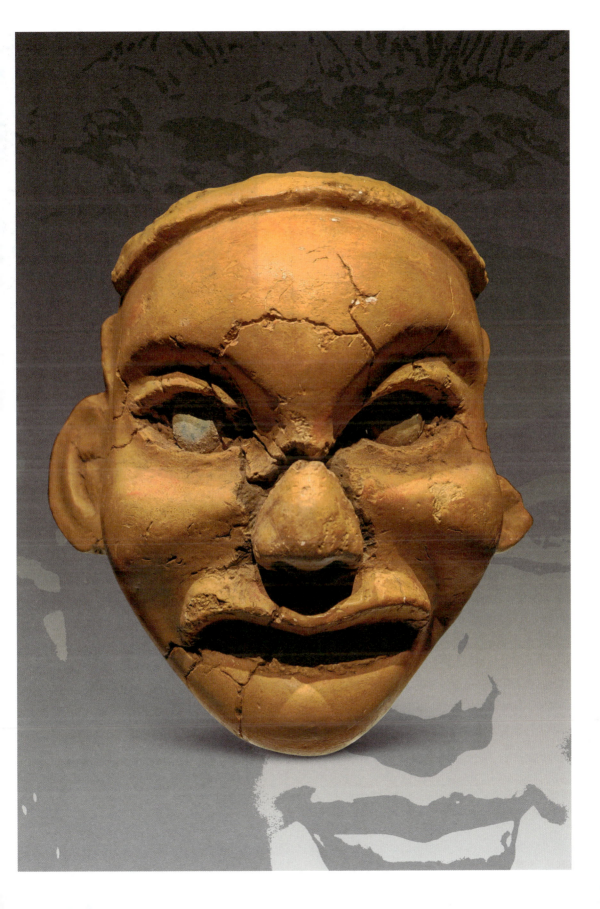

谁是红山文化鼻祖？考古人员于1983年在辽宁省朝阳市牛河梁遗址女神庙发现的"镶玉睛陶女神头像"，揭开了5500多年前红山文化的面纱。

　　我国著名考古学家苏秉琦先生认为，"女神是红山人的女祖，也是中华民族的共祖。"据考证，这具泥塑"女神"头像是我国目前发现最早的大型人物泥塑，也是中国发现最早的模拟真人塑造的母祖像。

　　这尊泥塑头像出土于主室西侧北壁下，面朝上。头高22.5厘米，面宽16.5厘米，相当于真人大小，脸部特征具有蒙古人种的明显特征，与现在华北人脸型相近似：如方圆形扁脸、额骨突起、浅眼窝、低鼻梁、大嘴和高颧骨。头像的面部轮廓对称规整，眼睛嵌有圆形玉片，炯炯有神，面涂红彩，出土时色彩鲜艳。其次，这尊头像是红山人仿照真人所制的女性形象。额部明显隆起，额面陡直，面部表面圆润，下颏尖圆，头顶的圆箍装饰似为某种发饰，这些都是女性面部的征象。旁边的人体肩、臂塑件和女性乳房塑件进一步确认了其女性特征。女神头像并非单独的头部塑像，也非半身像，从伴出的其他残存塑件判断，这是属于一尊全身人形造像的头部。近旁还发现相当于正常人体两到三倍的人体塑件，无疑属于大型塑像群体。

　　究竟是怎样的工艺技法，可以使这件泥塑头像保持千年不裂不坍呢？这件泥塑女神头像主要采用了圆雕手法。东山嘴遗址与牛河梁遗址相距仅50余千米，都属于大凌河流域的红山文化区域类型，时代背景和遗址性质相近。与喀左东山嘴遗址出土的陶像不同，这尊头像使用的塑泥是黄土质，具有较大的黏性，并且掺杂了草禾等材料，未经烧制。头像的内胎使用了较粗的泥质，而其他部位则使用了更细的泥质。外皮经过打磨，显得非常光滑。这尊泥塑体积大且厚重，泥胎堆塑多层，能在古代保持不裂、不坍、不变形，这在当时是一项非常不易的技艺。

通过复原模型推测为盘腿坐姿

面部复原模型

镶玉睛陶女神复原模型近照

　　制作这种大型人体全身像在当时是一项难度较大的工作，很可能是由专业的艺匠完成的。在头像后部的断裂面中部，有一个竖立的木柱痕迹，直径约4厘米，从颈部直通到头顶，柱上还有包扎禾草的痕迹。专家推测，制作这样的泥塑至少需要经过搭骨架、选料加工、塑造、彩绘和装嵌等多道工序。

　　我们不妨来猜想一下，这位红山文化时期的女神是坐着的，还是站立的呢？有学者指出，这尊女神头像的体态也应该是坐式的，甚至可能是盘腿坐姿。因为50千米外的东山嘴遗址中陶塑人像为坐式姿态，时代背景和遗址性质相近，可以作为复原牛河梁遗址人像姿态的重要参考。

　　在旧石器时代晚期到青铜时代早期，女性雕塑形象在欧亚大陆和中美洲的古遗址、古墓葬中较为常见。与这些文明特征相比，牛河梁遗址的雕塑年代更早，且其坛、庙、冢的组合形式为历代所继承。牛河梁遗址的"女神庙"是红山文化发展中的一个高峰。世界各地的早期文明国家都经历了以敬奉天神和自然神为主的神权政治阶段，如西亚两河流域的城邑围绕神庙修建，中美洲的宗教礼仪中心也是城邑的核心。

　　在古代社会中，女神象征着生育、大地和收获，是一个民族生命力的体现，因而受到广泛的崇拜。在这个时期，女性既是统治者又是祭祀活动的执行者，政治领袖与群巫之长合二为一，政治权力与宗教权力集于一身。在盛大的祭祀活动中，人们祈求女神帮助实现生存和发展的愿望。

09

红陶人面像:

谁在五千多年前敷"红色面膜"

名　　称	**红陶人面像**
时　　期	**新石器时代**
考古学文化	**仰韶文化**
出土地点	**甘肃省天水市柴家坪**
现藏地点	**甘肃省博物馆**
尺寸规格	**残高 15.3 厘米、宽 14.6 厘米**

　　她的脸庞平滑清秀、丰满圆润,表情沉静而自信,呈现蒙古人种的女性形象,具有东方式的美感。先民已从自然崇拜转向对"人"自身的关注,出现了自我意识的萌芽。

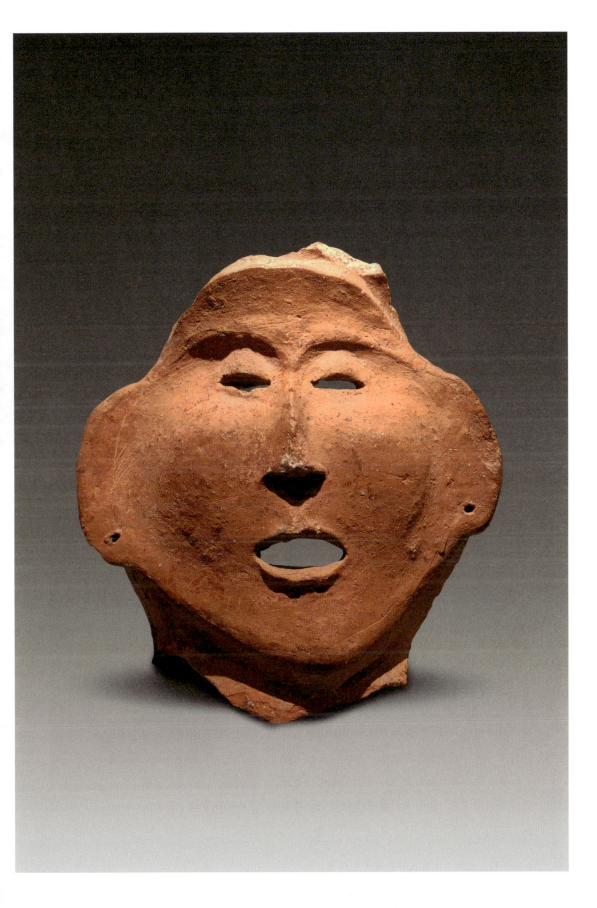

"啊，咦，啦……"这位敷着"远古面膜"的女子是在歌唱吗？这件红陶人面像是1967年在甘肃省天水市麦积山柴家坪村东约500米黄河支流渭河的西岸出土的。

天水市相传是人文始祖伏羲的故乡，流传着伏羲和女娲的故事。这件人面像造型特别，或许是远古时代神话"女娲"造人的杰作吧。

其一，人面像好似"红色面膜"。脸部轮廓方圆，前额低窄，颧骨微凸，嘴部镂空呈椭圆形。她的眼睛和嘴巴以横条状镂空处理。眼窝较浅，两眼部位塑出眼皮、眼睑。眼角微翘，两眉细长且呈优美的弧形，显得柔中带刚，从而使眉下眼窝和眼睛部分显得含蓄而深邃。鼻梁处呈三角形，鼻子下还有"水沟"，是督脉的人中。人像外表有一层浅而薄的红色陶衣，颈下部分已缺，近看似一张完整的"面膜"贴在脸上，又似"大脸槽"，表情呆萌可爱，为研究史前人类容貌提供了物证标本。

其二，审美张扬先民个性。人面像采用泥质红陶手工捏制，表面光滑细腻，镂空技法娴熟，眼、口等部位的处理抽象，但更趋写实，特别注重拟人化设计。人面像头上似有发髻的残留，两耳垂各有一穿孔，或用于悬挂玉器、绿松石之类的个性饰品。整体看，这张面孔脸庞平滑清秀、丰满圆润，表情沉静而自信，呈现蒙古人种的女性形象，充满了生活的温情和生命的愉悦，具有东方式的美感。这体现先民已从自然崇拜转向对"人"自身的关注，可视为早期人类对"我是谁"这一命题的朴素回应，是自我意识萌芽的体现。学者高毅清认为，半张的嘴唇似乎欲启齿诉说，这种"得神而忘形"的风格，是我国艺术走向写意的最初指引。

其三，功用映照艺术与生活的交融。从人面像陶器顶部的残存部分看，有可能是作为器物的口部或盖钮，兼具实用性与装饰性。对称性结构与比例控制表现了对造型美的追求，印证了早期人类从生存需求向文化需求的转变。石岭下类型属于仰韶文化向马家窑文化的过渡阶段。学者张朋川认为，此类人面像或许和原始宗教的

前额低窄，颧骨微凸，嘴部镂空呈椭圆形

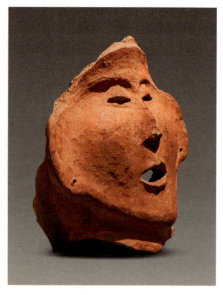

嘴唇半张，似欲启齿诉说

某种信仰有关，可能用于祭祀或礼仪活动，反映了先民的精神信仰与社会结构。人面像平顶发髻与圆睁双目的造型，更接近仰韶文化常见的"巫师"或"祖先神"表现范式。石岭下类型陶器在渭河流域的分布，表明新石器时代已存在跨部落的技术传播网络，这种早期的网络又成为文明传播的血管。这也表明，仰韶先民已通过物质载体构建文化记忆，对这种文化记忆进行编码实际成为维系族群认同的记忆工程。

有人会关注，为什么人面像外表看上去似敷上了一层浅薄的"红色面膜"？

这实际上是红色陶衣。烧制红色陶衣是仰韶文化石岭下类型陶器制作中的一种科技工艺。其通过在陶坯表面涂抹含铁量较高的浆料，再经氧化焰烧制而成。铁元素在空气中发生氧化，形成鲜红色的陶衣。这种工艺不仅可掩盖陶胎表面的粗糙纹理，还能减少渗水，增强器表致密性，并延长器物的使用寿命。红色陶器早在一万年左右的上山文化中就出现。红色在史前社会常被赋予生命、血液、太阳等象征意义，涉及原始宗教或生殖崇拜，或隐喻着与神灵的沟通，后来演进成为中华文化的大众底色。

与此同时的地中海地区，陶器写实风格的人面或人像陶塑较为罕见。埃及前王朝时期出现黏土女神像，但未使用红色陶衣工艺。地中海地区的人像艺术更多体现在石材雕刻或壁画中，而中国的红陶人面像则是黄河流域史前社会精神信仰与制陶技术的独特结晶。两地文明在技术路径上存在差异，但均展现了新石器时代晚期人类对自然环境的适应性创新。

敷"红色面膜"的女子生活状态如何？聚落的河谷台地，背风向阳，负山临水，既便于灌溉农田，又可避免洪水威胁。聚落有一定规模，出现中心广场和公共仓储设施，外围有壕沟或栅栏防御。当时的人们住在半地穴式方形或圆形房屋里，地面或用石粉硬化，屋顶覆草，具备防潮、保暖功能。菜篮子里，主食以粟（小米）、黍（黄米）为主，或有少量水稻，还有家畜饲养的猪、狗，以及渔猎类等补充蛋白质。这一时期，社会可能从母系氏族向父系氏族过渡。人面像的女性特征暗示母系权威的遗存。这一阶段为后续龙山时代社会复杂化奠定了基础。

敷"红色面膜"的女子嘴部刻画较为细腻，上唇微薄而下唇微厚，张开的嘴唇呈歌唱状态。有人认为，这或是天水的"女娲"在歌唱。

其实，仰韶文化石岭下类型距今约5200年，与最早见于战国《山海经》中有关女娲神话的记载，存在约2000年的时间差。但是，人面像出土于传说中女娲"炼石补天"的陇山渭水地区。陇城镇有汉代女娲庙遗

两耳垂各有一穿孔，或用于悬挂玉器等饰品

两眉细长且呈优美的弧形，显得柔中带刚

址，民间流传女娲"生于风沟，长于风台，葬于风茔"的故事。这种空间重合为符号联想提供了土壤。

红陶人面像以黄土烧制，而《风俗通》中有关于女娲"抟土造人"的传说。女娲作为创世神，其形象与陶器制作、生殖崇拜等原始信仰紧密相连，而红陶人面像的造型反映了先民对母系祖先或女性神灵的崇拜。这与女娲作为母系社会象征的生育之神相呼应，反映了先民对女性生殖力的崇拜。人面像"歌唱"或"呼吸赋予生命"的动作，是对女娲"抟土造人""炼五色石""作笙簧"的回应。陶像眼眶中空的设计，或可联想为"凝视陇山渭水"，与女娲补天救世的空间意象产生联结。女娲在早期神话中兼具创世神与巫医角色，红陶人面像和女娲在人神中介的象征意义上存在共通性。

位于陇山渭水间的红陶人面像与女娲传说的关联，本质上是"历史真实"与"文化真实"的辩证统一。事实上，在考古与神话两个维度，真正"歌唱"的不是陶像本身，而是跨越五千年的文明对话：文明的演进不仅是技术的累积，更是对存在本质持续发问的哲学历程。推进文明进步，不可淡忘那份将泥土化为永恒的精神。

10

凌家滩玉人：

八字胡的小神仙

名　　称　　**凌家滩玉人**

时　　期　　**新石器时代**

考古学文化　**凌家滩文化**

出土地点　　**安徽省含山县凌家滩遗址**

现藏地点　　**含山博物馆**

尺寸规格　　**高 8.1 厘米、肩宽 2.3 厘米、腿长 2.5 厘米、厚 0.5 厘米**

　　凌家滩遗址的精美玉器是当时人类手工艺技术的巅峰之作，更是中华文明起源和发展的重要物证。

说起神仙，你总会想起衣冠严谨、表情严肃的样子。然而，安徽省含山博物馆展出的一位神仙玉人，却与众不同。1998年，凌家滩遗址出土了5300多年前的玉人，他嘴角微翘咪笑，仿佛陶醉在巫师通灵时恍惚迷离的神仙境界。接下来，我们就来讲讲这位玉人的故事。

先来说说他的故乡——凌家滩遗址。说到凌家滩遗址，可是大有来头。2019年，凌家滩遗址被纳入国家文物局"考古中国：长江下游区域文明模式研究"重大课题，并作为长江流域五处区域核心聚落之一被纳入新一轮的"中华文明探源研究"课题。2022年凌家滩遗址入围"2022年度全国十大考古新发现"。

凌家滩遗址为何受到高度重视呢？凌家滩遗址自1987年首次发掘至今，先后出土精美玉礼器、石器、陶器等珍贵文物3000多件。其中，出土的1200余件玉石器代表了新石器时代长江流域同时期玉文化最高水平，引起了国内外学术界的广泛关注。这些玉器的发现，不仅为我们揭示了当时长江下游史前人类社会的生产生活状况，更为我们展示了一个独特的玉器文化体系。可以这么说，凌家滩遗址的精美玉器是当时人类手工艺技术的巅峰之作，更是中华文明起源和发展的重要物证！

而我们接下来要说的这位玉人，便是其中典型的代表。这位玉人非同一般。凌家滩遗址考古队第一任领队张敬国认为，"以前我们所发现的'人'都是比较晚的，一般都是陶人或者石人，或者木头的，但是，玉人这是中国第一次。"

再来看看这位玉人的样貌，玉人高8.1厘米、肩宽2.3厘米、腿长2.5厘米、厚0.5厘米。长方脸、浓眉大眼，蒜头鼻子，上唇一抹弯曲的八字胡须，飘逸翻飞。这些外形特征其实蕴含着丰富的史前文化信息。八字胡须应是当时巢湖流域人们的习俗，说明当时可能已具备剃须工具。两个大耳朵各钻一挂耳饰的小孔，两臂各佩八串玉环，就好比今天戴的手镯。腰间饰斜条纹的腰带，体现了5000多年前人们已有衣裤服饰。种种细节说明，当

长方脸，蒜头鼻，八字胡

两臂弯折回屈，五指张开放在胸前

时凌家滩的先民早已懂得通过打理胡须、佩戴饰品来装饰自己，表达对美的追求。玉人脚趾张开，臀部宽大，表明应是坐姿。从席地而坐的坐姿看，当时人们或许已有类似板凳之类的支撑物。

那玉人是谁呢？玉人两臂弯折回屈，五指张开放在胸前，掌心向内，呈祈祷状，塑造了祭祀祈祷之姿，说明他可能是一位身份地位显赫的巫师。玉人背后有对穿的隧孔，应是用作穿绳索之用，先人很可能是将玉人悬挂于宗庙之中，或捆绑在祭坛之上，供人们进行祭拜活动或巫术仪式。再看看他的表情，神情肃穆、瞑目祈祷，我们从玉人身上自然而真切地感受到虔诚、敬畏和坚定。

值得关注的是，在目前出土的商代以前人像中，头戴冠冕是极罕见的，且少数有头冠的人像多刻于器皿之上。这件玉人却头戴圆冠，冠饰为方格纹，玉冠中间有三个小圆孔。看得出这件冠饰是精心设计、编织而成，其形制好似后世的王冠。这种冠饰在长江中下游和黄河中下游晚期新石器时代文化的玉件上多有出现，并且大多具有一定的神圣性。

我们还要注意到，玉人脸部特征已不是其他文化中抽象的神像，而是基本与人类正常脸谱相同。这意味着什么？意味着玉人应是凌家滩部落中某个真实存在过的人，而不仅仅是臆想的神。

从工艺上来看，该玉人为灰白色透闪石材质，充分显示出凌家滩高度发达的玉文化和制玉匠人的聪明才智。以玉人背部高超的微型钻孔为例，孔径仅有 0.15 毫米，比人的头发还细，足以媲美现代激光钻孔技术的成品效果，令人称奇。可见当时凌家滩文化遗址及周边地区的先民们，已掌握了磨削、刻画、浮雕、钻孔等多种高超技法。

总之，这件玉人像所反映的不仅是凌家滩本地发达的玉器文化水准，更是展现了中华民族玉文化历史发展进程中的璀璨亮点。凌家滩的神仙玉人撇着八字小胡须，阔嘴轻笑，见证着玉石文化在华夏大地的演进历程，并成为中华文明的象征符号。

头戴方格纹冠饰

11

陶人面桶形器：

灶神奶奶喊你吃饭啦

名　　称	**陶人面桶形器**
时　　期	**新石器时代**
考古学文化	**仰韶文化**
出土地点	**山西省临汾市吉县沟堡村**
现藏地点	**临汾市博物馆**
尺寸规格	**直径18厘米、底径 26厘米、高18.6厘米**

　　这件以灶神为主题的拟人化器物是中华文明演进的"器用密码"，凝固了仰韶先民对自我认知、社会秩序与宇宙观的早期探索。

"吃好喝好啊！"山西吉县沟堡村2003年出土的陶人面桶形器，看上去很像邻家灶神奶奶，盯着让我们好好吃饭。这件器物距今有5500年左右，是目前发现最早的远古时期的灶君形象，样子很可爱。

一是有"红脸蛋"。陶人面桶形器出土地位于黄河东岸，为泥质灰褐陶，陶质疏松，呈桶的形状，无底，底边呈喇叭状。其通过镂空工艺处理，眼睛和嘴巴形成穿透性孔洞，同时以泥块、泥条贴塑出眉毛、眼眶、鼻子、颧骨、嘴唇及脸部轮廓。两腮及嘴巴下方贴塑的泥条，似为身体上的装饰。面部最显著的特征是两侧高突的颧骨，是"红脸蛋"的标志。学者田建文认为，我国西北地区如吕梁山里"生就红脸蛋的女人，是最美丽的女人"，"由此印证'状如美女'的灶君形象"。在母系氏族社会中，女性长期负责炊事活动，因靠近火源而面部泛红，这一特征被艺术化地表现为对掌管火与灶的年长女性的崇拜。这与传说中的"灶神奶奶"形象契合。学者王京燕、马升认为，"最早的灶神一定是妇女形象"。此外，该器物形象与《礼记》《汉书》等文献记载的早期灶神为"老妇"或"炊母神"的描述一致。《礼记·礼器》记载孔子认为灶神为老妇，《庄子·达生》描述灶神状如美女，均与陶人面桶形器的女性特征呼应。研究表明，一直到汉代，男性"灶王爷"才广泛出现。

二是有神的慈爱。这件器物表面经过磨光处理，五官线条柔和，镂空的眼睛隐喻神灵般的注视，表情庄重而充满慈爱，体现了灶神奶奶兼具庇佑与监督的双重职责。这种人面形器物，宗教寓意明确。器物关注人本身，表情既象征女性在氏族中对食物分配的权威，也暗示其作为家庭守护者的角色。这种物质与精神的共生关系，印证了《考工记》"百工之事，皆圣人之作"的造物理念，预示了后世"技进乎道"的工艺思想雏形。有一个巧合细节是，器物顶部直径18厘米的开口与底部直径26厘米的基座形成了黄金分割比例（0.618），反映出早期人类对自身存在的思考，似乎传递灶神奶奶"黄金般的爱"。

两侧高突的颧骨，是"红脸蛋"的标志

三是有"圣火"相伴。食离不开火种。陶人面桶形器出土时顶部覆盖石板，底部有熏黑痕迹，表明其用于保存火种或祭祀火神。器物周围出土的陶瓮、罐、钵等炊具，进一步表明其作为祭祀用具与日常炊事活动的关联。早期灶神崇拜，有对"圣火"的敬畏，而火种的管理者正是氏族中德高望重的女性长者灶神奶奶，其掌控着火与食物分配。在仰韶文化中期，这种组合体现了灶神奶奶守护

的原始观念，而祖神的母系血缘特征进一步强化了灶王奶奶的神圣性。

灶神奶奶灶里的伙食怎么样？综合考古文献发现，仰韶文化中晚期以旱作农业为核心，主要种植粟（小米）和黍（黄米），少量种植水稻。这种农业结构适应了黄土高原的干旱环境，成为饮食的基础。家猪是主要的家畜，其

顶部直径 18 厘米的开口，底部直径 26 厘米的基座形成了黄金分割比例（0.618）

"圣火"的宗教意义：火堆与炊具的结合象征家庭生活的核心，而祭祀活动则强化了女性在其中的神圣地位。随着母系社会向父系社会过渡，灶神形象逐渐由女性"灶神奶奶"演变为男性"灶王爷"，甚至后期出现"灶王夫妇"的配对。日本学者池田末利认为，灶神原型是火神，但其神格更多由祖神性质决定。陶人面桶形器融合了火神、祖先与女性守护者的三重象征，印证了"圣火即祖神"

饲养规模较大，可能用于肉食和祭祀活动。同时，遗址中发现的骨镞、鱼钩等工具，表明渔猎仍为辅助经济手段，鹿等野生动物可能作为食物补充。此外，出土的房址中发现的灶坑、陶瓮、罐等器物表明，食物以蒸煮为主，并注重储藏。

灶神奶奶为何会出现在黄河东岸的沟堡村？其中一个重要原因就是，这里为仰韶文化与红山文化等交流互动的"风口"。学者苏秉琦提出了"满天星斗说"。他认为在中国古文化大系内部可分为六个大的文化区，如以燕山南北、长城地带为中心的北方区，以关中、晋南、

顶部覆盖石板，底部有熏黑痕迹

豫西为中心的中原区等。从地缘视角看，黄河中游的中原文明吸纳了来自东西南北各个方向的文化因素，形成了具有明显的合成性文化。这里深受来自北方"原生型文明"的影响，北方文明的南下影响形成一个"Y"形通道，即辽西文明和内蒙古高原河套文明通过山西晋地到达晋南的通道，这个"Y"形通道就是学者苏秉琦眼里的中华文明多根系中关键性的"直根"。5000多年前，当中原仰韶文化的"花（华）"和北方红山文化的龙，在黄河边相遇、融合，会使人自然联想到我们今天的"炎黄子孙""华夏儿女""龙的传人"。这也说明，仰韶文化和红山文化迸发出文明的火花，并留下文明发展的种子。

陶人面桶形器与红山文化祭祀用桶形器在形制（如大口、无底）和祭祀方式（如覆盖石板）上相似，但以泥塑人面取代了彩绘。这种交融表明，早期灶神崇拜或在不同文化圈层中传播并实现本土化。该器物成为文明演进的"器用密码"，其凝固了仰韶先民对自我认知、社会秩序与宇宙观的早期探索，其影响深远至后世礼制、艺术乃至族群认同的建构。

值得关注的是，同期地中海地区尚未发现明确以灶神为主题的拟人化器物。中国灶神形象源于定居农业社会对火与饮食的依赖。地中海地区早期宗教更侧重太阳和风暴等自然力和动物象征，但未发展出以灶为核心的家庭神祇系统。这说明灶神是从中国大地生长出来的，是独特的中华文明符号。

事实上，灶神奶奶的背后，关联着家家户户的炊烟，关联着对农业丰收和粮食安全的祈盼，更关联着对小康日子和大同生活的追求。可以说，灶神奶奶是中国家庭文化的见证者，她的形象承载着根祖记忆，也承载了人们对幸福家庭的眷恋和对团圆生活的向往。在5000多年来的炊烟中，灶神奶奶在中国人心底种下一颗颗"洪洞大槐树"，也种下了一片片乡愁。

如今，老奶奶依然站在黄河边，向每一个游子打着招呼，在慈爱的目光里送人走，又在慈爱的目光里迎人归。

12

人首陶瓶：

有点炫还有点玄的江南女神

名　　称	**人首陶瓶**
时　　期	**新石器时代**
考古学文化	**崧泽文化**
出土地点	**浙江省嘉兴市大坟遗址**
现藏地点	**嘉兴博物馆**
尺寸规格	**瓶高 21 厘米、腹围 28 厘米、底径 7 厘米**

　　一位白衣女子漫步在江南梅雨里，面容姣好，身材修长，望着这位江南佳人优雅的身影，你能猜出她的年龄吗？

在中华民族漫长的历史演进中，"江南"已然成为中华文化中一个独具魅力的文化符号。提起江南佳人，你会想到西施、王昭君、李清照等，但你可能想不到这位从浙江嘉兴大坟遗址出土的江南女神，她的学名叫"人首陶瓶"，离现在有5000多年了。

人首陶瓶的发现有些偶然。那是1989年的一天，一砖瓦厂在嘉兴大桥乡大坟高墩取土时，惊现大量破碎泥质灰陶陶片，便背回了当时的文物管理处。一位老文物工作者动手一拼，竟拼出了这件人首陶瓶。1992年，这件珍贵文物被鉴定为国家一级文物，陈列在博物馆展厅。她一直眺望的神秘眼神，有点炫，也有点玄，自带流量，成为人见人爱的"网红"。

面部小巧玲珑

这件人首陶瓶，属于崧泽文化类型。崧泽文化距今约6000年~5300年，因首次在上海市青浦区崧泽村发现而命名。陶瓶表面光滑细腻，线条流畅，造型奇特，生动古朴，显示出高超的陶艺水平。陶瓶整体为三节葫芦的形状，材质为泥质灰陶，身高21厘米、腹围28厘米，圈足径7厘米。其身形上小下大，呈现了明显的女性特征。之所以把女性先祖塑造成葫芦形，或许是因为先民在这件文物身上寄托了"一生二、二生三、三生万物"的生生不息的美好愿景。

若从侧面看，陶瓶呈现一种饱满丰盈并流动丰韵的"S"型体态。最显眼的是陶瓶胸部有一个椭圆形大口，口内中间是空的，与瓶体上下贯通，可以装液体或其他物品。圆背、鼓腹的形态给人一种安全和充满温暖的感觉，彰显着年轻女性旺盛的生命力。

她的头部轮廓方正扁平，头顶微微隆起，但看上去小巧玲珑。两眼呈现圆凹窝形，眼的两侧刻短线表示眼角，透露出一丝神秘感。鼻子呈三角形隆起，两侧有鼻翼，鼻孔呈锥形的凹窝。双耳耸立，脑后发髻微翘。在她发髻处、耳部、颈下等位置均出现了小孔，可能是插戴装饰所用。她微张的嘴巴为横向的长凹窝，似乎在微笑着说起"侬好""侬晓得"，增添了一丝生动活泼的气息。

葫芦状身形

椭圆形大口

脑后发髻微翘

陶瓶的瓶底，是一个小圆足，底座一周有8个三角形小缺口，形成8朵还未充分绽放的花瓣。花瓣之间，又形成了崧泽文化陶器特有的八角星纹图案。专家认为，八角星纹图案也就是原始的太极图，呈现宇宙和天象的另一种神秘，为人首陶瓶增添了一份玄的味道。

统合起来看，陶瓶很可能与当时祭丰收、求甘雨、降生灵、除疾病、驱恶魔等原始宗教祭祀活动有关。这件江南女神体型稍大，肚子也是大大的，有学者认为，这是新石器时代"祈求丰产的女性崇拜的物证"，而且文明发展到一定阶段后才会出现"女性崇拜和祖先崇拜"。这件陶瓶作为偶像崇拜，便拥有为先人送去守护与祝福的功能。

人首陶瓶的出现，证明了崧泽文化的进步性。她代表团结、共生、秩序，是符合社会需求的。不论是作为神巫"道具"还是作为偶像，她所有的一切都为了"他人"，"他人"成为了她的一切。这种理念传承到青铜时代，就会留下几行铭文"子子孙孙永葆用之"，传承到了今天就是"千秋万代为子孙永继发展"。

江南女神生长环境也很神秘：这里是北纬30度线附近，从尼罗河、印度河到中国的长江，这条线形成了"人类文明发生线"。2000年11月开始，考古学家在浙江省浦江县陆续发掘出迄今世界上最早的属性明确的栽培水稻、定居村落遗迹和大量彩陶遗存。也就是说，长三角在一万年前就已经为人类奉献出了一碗碗米饭。

就在这条"人类文明发生线"的大河岸边，出现过诸多女神故事。然而，诸多女神连同其生长的文明已消失在历史长河，只有这位江南女神和中华文明走过了5000多年并绵延发展至今。今天，这位5000多岁的江南女神仍静静地矗立在长三角，目光沿着长江向东缓缓移动向远方，一起眺望着中华民族由此奔向星辰大海。

13

红陶人头像：

散发女性主义光辉的美少女

名　　称	**红陶人头像**
时　　期	**新石器时代**
考古学文化	**仰韶文化**
出土地点	**甘肃省陇南市礼县高寺头遗址**
现藏地点	**甘肃省博物馆**
尺寸规格	**高 12.5 厘米、直径 8.5 厘米**

这件陶俑首塑造了一个母系氏族公社繁盛时期的美少女形象，不仅是对古代制陶技术的展示，更是对史前社会文化、审美和宗教信仰的深刻反映。

红陶人头像嘴唇微启，像一位美少女正在向上苍祈愿。

在甘肃省礼县高寺头遗址，考古学家们发现了一件珍贵而有趣的史前艺术品——仰韶文化时期的陶塑人头。这件面孔珍贵在何处？有趣在何处呢？

珍贵是因为这件作品不仅展示了仰韶文化时期制作的陶工艺品，更是对史前社会文化和审美情趣的深刻反映。因而，它不仅是甘肃省博物馆的馆藏，更是国家一级文物，被列入《中国美术辞典》，体现了仰韶文化的艺术成就。有趣是因为陶俑首"祈愿上苍"的面部表情塑造得相当活泼、生动，使人看到这件塑像如同见到原始先民一样，其音容笑貌历历在目、栩栩如生。尤其是那微启的嘴巴，仿佛在对着天空诉说着什么。

她来自何方呢？这件陶俑首1964年出土于甘肃省陇南市礼县高寺头遗址，距今约有5000至5500年的历史。说起仰韶文化，大家应该并不陌生。仰韶文化，因1921年在河南渑池县仰韶村的发掘而得名。这些遗址的发掘，为我们提供了大量反映仰韶文化的物质文化和精神文化遗存物品，其中不乏体现古人艺术创作方面的成就的考古发现。

这件陶俑首，便是仰韶文化制陶工艺和"人饰"陶器的杰出代表。其原料选择考究，加工精细，成型以手制为主，修整方式多样，如拍打、修抹、刮削、滚压、慢轮修整等。这些工艺的运用，使得这件"祈愿上苍"陶俑首在造型和纹饰上都达到了较高的艺术水平。

"祈愿上苍"的陶俑首，高12.5厘米，直径8.5厘米，由橙黄色的泥质陶制成，表面经过精心打磨，五官各部位安排得相当准确。人头的面部丰满圆润，额前至脑后饰有半圈凸起的细泥带，眼睛通过两个小圆孔表现，鼻子呈三角形隆起，嘴微张，下颚短小而微凸，两耳耳垂处有穿孔，颈部较粗。在艺术特征上与仰韶文化其他"人饰"陶器具有高度的统一性，而且在造型上显示出蒙古人种的特征。

陶俑首为何要"祈愿上苍"？

眼鼻清秀，嘴唇微张

头顶黄豆大小的孔洞

这就要对她的样貌进行更加细致地剖析。有几个细节很值得关注，比如，陶俑首的头顶为什么会有黄豆大小的孔洞？额前至脑后半圈凸起的细泥带又是什么？两耳耳垂处穿孔说明了什么？我们下面一一分析。

陶俑首顶部的黄豆大小的孔洞，实用意义至今不明，有学者认为这个孔洞可能是祭祀时的注水口，与某种特定的宗教仪式或祭祀活动相关联，象征灵魂的出入，反映古人"灵魂存在"的观念。还有学者认为，这个孔是用来插羽毛的，象征权力和身份。其实，不同文化和时期的人像艺术作品中，头顶的孔洞是一种普遍现象。我国石家河文化遗址出土的玉人头像、古埃及出土的石雕和木雕头像、古希腊出土的陶塑和雕塑作品、玛雅文明的陶制或石制头像等，头顶均有孔。无论如何，这件陶俑首头顶的孔洞反映了仰韶文化晚期先民的社会活动和精神面貌，而且符合早期人类历史发展进程的一般规律和特征。

我们再来看，陶俑首额前至脑后半圈凸起的细泥带。这是什么呢？看起来颇似盘绕在额际的发辫，也可能是串有装饰品的系带。我们可以据此推测，这件陶俑首很可能是当时女性形象的呈现。根据仰韶文化的其它陶塑人像或头像，大多数是刻画青少年女子形象的规律来看，也可以印证陶俑首是"美少女"这一猜测。

仔细看我们还会发现，陶俑首两耳的耳垂处有穿孔。这可能暗示着"美少女"的耳孔处垂挂饰物。耳孔象征聆听，代表对神谕或上级指示的服从。可以说，耳孔这一细节，不仅为我们呈现了仰韶文化中女性的样貌，而且说明陶俑首是一位有身份、有地位的女性。

可见，这件陶俑首塑造了一个母系氏族公社繁盛时期的美少女形象。整件陶俑首作品的艺术手法简练而生动，不仅是对古代制陶技术的展示，更是对史前社会文化、审美和宗教信仰的深刻反映，为我们理解史前母系氏族时期人类的生活和思想提供了宝贵的视角。

14

花卉纹人头形器口彩陶瓶：

齐刘海的小姐姐

名　　称	**花卉纹人头形器口彩陶瓶**
时　　期	**新石器时代**
考古学文化	**仰韶文化**
出土地点	**甘肃省天水市秦安县大地湾遗址**
现藏地点	**甘肃省博物馆**
尺寸规格	**高 32.3 厘米、口径 4 厘米、底径 6.8 厘米**

如果有人问，6000 多年前的人也很爱美吗？我们该如何回答呢？我可以肯定地告诉你，他们真的很爱美！不信，你看这件文物。

这位来自黄河边的 6000 多岁小姐姐，1973 年在甘肃省秦安大地湾遗址出土，学名叫"花卉纹人头形器口彩陶瓶"。她是细泥红陶材质，高 32.3 厘米，跟我们家中常见的花瓶大小差不多。面对 6000 多年前的小姐姐，你就会惊异，先人们不仅喜欢美，他们也懂得创造美。这个小姐姐究竟美在什么地方呢？它到底是做什么用的呢？

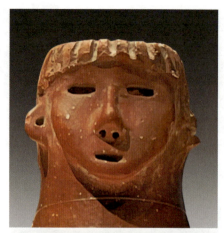

我们先看她整齐的短发，是不是有些眼熟。短发成蓖（bì）子形状纹路，整个浮雕像帘子形，垂于额际脑后，具有古代羌人披发样式的特征。我们今天的"齐刘海"发型和这种纹路有着约 6000 年的渊源。可以想象，迎风吹来，额头上的短发和耳后一排略长的披发便会随风飘起来，既端庄又活泼。

再看她的五官。眉骨平直而隆起，巧鼻镂孔，呈三角倒锥形。两眼镂刻，作向下弯的月牙形。眼和鼻都雕空成洞孔，因而显得目光深邃，并且鼻子两翼有鼓起，小嘴微张，稍向上弯曲，似正言语。人像的神气为之倍增。耳垂有穿孔，依稀能看见她戴着晃动着的耳坠，有节奏、有节制走路的样子。从考古发现看，中国人爱美的基因从旧石器时代就已开始，爱美的老祖宗那时候就开始用精美的石料和贝壳来装扮自己。从当时出土的玉器坠饰看，小姐姐双耳应该挂有玉石质料的坠饰。那时的人们认为，玉器坠饰（吊坠）是用来感知上苍声音的。因此，她成了沟通天地的神巫，也是天使化身，呵护部落的生存和安全。另外，你能看出她的面部是化了妆的吗？仔细看她的面部皮肤较"润"，好似用了化妆品，也像是涂了油脂。其实，当时河西走廊已经出现油菜，《本草纲目》记载，古人曾用油菜的油脂来美容。

瓶身则是由弧线三角和斜线描绘成的连续玫瑰花纹样，线条均匀流畅，和面孔一起呈现了玫瑰花般的中国风。在考古学家苏秉琦先生看来，"华"就是"玫瑰花"，彩陶上的玫瑰花图案或就是中华民族以"华夏"为名的起源之一。

微微隆起的腹部，意味着女性处于孕育期的状态。这

"齐刘海"造型

彩陶瓶瓶身

一时期中国正处于母系氏族社会阶段，女性在社会中享有很高的社会地位。所以这个瓶子是集多子、孕育、供给、庇护等特征于一体的母腹形象，意味着部落的生殖与繁衍，寄托了人们对于孕育新生命的祝福。

这个小姐姐造型的瓶子到底是做什么用的？是当花瓶用的吗？你想错了，其实它是一个容器。当时的人们会把一些液体或者粮食放在这个器物里，史学家认为古人把种子放进葫芦形彩陶里，就寓意着古人希望用神巫给种子加持力量，使它茁壮成长，从而获得谷物的丰收。

从目前研究看，瓶子被雕塑成精美的小姐姐形象很可能是象征氏族、部落世代延续的祖先神，用祖先形象创造器物来表达对祖先的崇敬，祈求祖先的呵护，带有浓厚的原始宗教祭祀色彩，是人们对于生命长久不息的向往。此时再看彩陶瓶，我们仿佛看见一位屹立在黄河河畔的短发女神，在为自己的族人祈求幸福安康。

这件集彩陶、雕塑、葫芦造型和抽象玫瑰花图案于一身的杰出艺术品，反映了远古先人对自然的热爱，体现了6000多年前中国的彩陶艺术水平，为我们提供了华夏文化和古羌文化相互交流、融合的物证。

瓶身玫瑰花纹样

15

"后母戊"鼎：

神秘的虎噬人首面孔

名　　称	"后母戊"青铜方鼎
时　　期	商王武丁时期（公元前 1250 年～前 1192 年）
出土地点	河南省安阳市武官村
现藏地点	中国国家博物馆
尺寸规格	通耳高 133 厘米、通身高 106 厘米、口长 112 厘米、口宽 79 厘米、重 832.84 千克

　　国之大事，在祀与戎。"后母戊"青铜方鼎重量 832.84 千克，是我国现已出土的最大、最重的古代青铜礼器。

中国国家博物馆馆藏的"'后（司）母戊'青铜方鼎"，一直是社会关注的"流量王"。

第一，方鼎彰显了"殷道复兴"的盛世景观。公元前1600年，商汤建立了商王朝，接收夏的疆域，继承了夏人优秀的传统文化和治国理念。商武丁时期，通过文治武功，出现了"修政行德，天下咸驩，殷道复兴"的盛世景观。其腹部上下均饰尾部下卷的兽面纹，器壁四缘各饰兽面纹和夔纹，均以云雷纹为地。四足上部饰兽面纹，下饰三道弦纹。整体造型厚重典雅，气势恢宏，纹饰美观，铸造工艺高超。其金属原料来源涉及长江以南地区的江西铜岭和湖北铜绿山，甚至云南东北的永善等地。铸造青铜方鼎，需要强大的综合国力。武丁时期一跃而成为青铜时代的巅峰，这也凸显了中华民族辉煌的青铜文明在世界古代文明史上占有重要地位。

第二，方鼎参与了社会秩序的建构。一言九鼎，大名鼎鼎，"鼎"字代表着显赫、尊贵、盛大与秩序。此时，商的疆域已经突破了黄河中游，代表了后世"中原"观念的范围。商王国并不是直接治理各地，其首都被称为"大邑商"，在首都的外围有许多子姓的王族（即所谓"多子族"）拱卫都邑。在首都四周则有商人的城邑，再外面，则是商人友邦。最外圈，是土方、人方等族群国家。这一个"同心圆"的布局，在中国历史上成为一个模式，即所谓"内服""外服""五服""九服"等。"同心圆"布局不同于西方的家和国分离的政治传统，"凯撒的归凯撒，上帝的归上帝"。商代通过青铜器和甲骨文的祭祀，让家和国成为一体。令人称道的是，殷商也同之前的夏都二里头一样，没有高大城垣，是个不设防的特大型都市。而此时甲骨文"或（国）"字，戈为兵器，口为土地，合在一起，便是用实力保护家园。再后来，"或"字加了个框，就是防御性的城墙或长城。殷墟没修长城，但人心就是长城，这是强大的文化自信。

第三，方鼎用"拟血缘关系"隐喻了"祖国母亲"的历史渊源。方鼎主人为武丁的一个妻子妣戊，即妇妌，

重达832.84千克的"后母戊"青铜方鼎

献器人为商王祖庚或祖甲。也就是说，方鼎是武丁之子祖庚或祖甲即位以后为祭祀其母所铸。商代社会出现贵族女性地位较高现象。妇好（辛）和妇妌（戊）均为拥有封地的郡主。

对于方鼎铭文的释读，2021年出版的《中国国家博物馆》一书没有回避分歧，提出两条路径：一是释为三字，写作"后母戊"或"司母戊"。二是释为两字，写作"'女+司'戊"或"妌戊"。文化需要选择，文化也需要共识。学者朱凤瀚认为，像大鼎这种重器的铭文，不同于甲骨文中的书写体，"要照顾整个铭文布局的美观"。他表示："我是认为应当读'妌戊'（裘锡圭先生读'女+司戊'）。读'后'还是'司'，只是学术观点不同。"

虽有讨论，但是铭文关键词里有"母"，而不是"爹"。为什么不是"爹"呢？离开中华五千多年文明的视角，很难理解"后母戊"印记的文化密码。史官写下的精美青铜铭文"后母戊"，不仅揭示了商代有完备的文字系统，表明了中国进入有文字记载的历史时期，更重要的是"王"作为执政者为"母"奉献了尊贵宝物，通过血缘关系映照了个体与国家的关系。就是说，这个国家名义上属于父系，也属于母系，是属于这个大家庭的。通过联姻的母系也是这种人格化的、女性化的隐喻，用"拟血缘关系"建构了个体对家国一体的认同，也用血脉铸成了家国情怀。

事实上，两种释读都聚焦"孩子敬爱母亲"这一核心事件，蕴藏着人类母爱、道德和仁义的光辉。乔治·莱考夫（George Lakoff）和马克·约翰逊（Mark Johnson）合著的《我们赖以生存的隐喻》一书指出："隐喻的本质就是通过一种事物来理解和体验当前的事物。"可以看出，"祖国母亲"隐喻的核心是将"母亲"和"儿女"的血缘关系和情感体验投射和迁移至"祖国"和"国民"的关系上，进而使后者的关系变得可理解和可体验。这实际上包含了"祖国是母亲"和"祖国像母亲"两种意象关联，这也界定了国家与人民之间的权利义务关系，具有中华文明的突出特性，充满中国特色。在一定意义上来讲，大方鼎呈现了祖国母亲的源头。对"母"关注的背后，实际上是中国人对家国情怀和传统文化的深刻回应。

值得关注的是，方鼎沉淀着诸多故事。大多数游客甚至不会注意到这一细节，鼎耳外侧的有个神秘的小面孔，就是浮雕虎噬人首面孔。浮雕中，两只虎相对而立，虎口张开，中间夹着一人首，人首看上去似一个简化的人体。人像的刻画较为抽象，头部呈正面，身躯简化，双臂可能被虎爪按住或与虎身融合，整体表现出一种被虎"吞噬"或"挟持"的动态。人像特征简洁，虽然通过线条的力度传递出紧张感，但是人面部有坦然和从容，没有惊慌和恐惧，甚至流露出如愿以偿的欣慰、安详的神态，人的渺小与虎的威猛形成强烈对比。

对于人与虎的关系，学界有多重解读。一是献祭中的"牺牲"。这种形象可能代表着献祭给上天或虎神的"牺牲"，体现了作为"牺牲"的人物内心世界的坚定信仰，以及为了家族和族群安定愿意舍身的大义精神。二是信仰载体。有观点认为这张面孔就是被虎噬的巫师，其利用老虎的神力完成与自然的沟通。日本学者认为，这表现出"天人合一"的意识。三是权力符号。方鼎为王室重器，体现了王权与神权的统一，有着威慑与保护作用。有人认为人神情平静且不反抗，体现了"君要臣死，臣不得不死"的君权至上理念。整体看，均涉及一个"牺牲"的故事：人不是为自己活着。其背后，映照的是人在自然与社会中对自身的命运选择。

可以说，这件"后母戊"青铜方鼎蕴涵了3000多年前丰厚的文化信息，是构成中国文化长城里的一块独特基石，也为世界理解中华文明特质和形态提供了中国样本。

浮雕纹饰"虎噬人像"

"后母戊"青铜方鼎

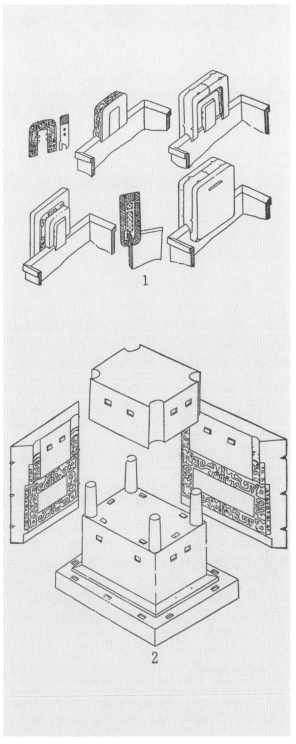

"后母戊"青铜方鼎的铸型与装配法

1. 鼎耳分铸　2. 器身铸型

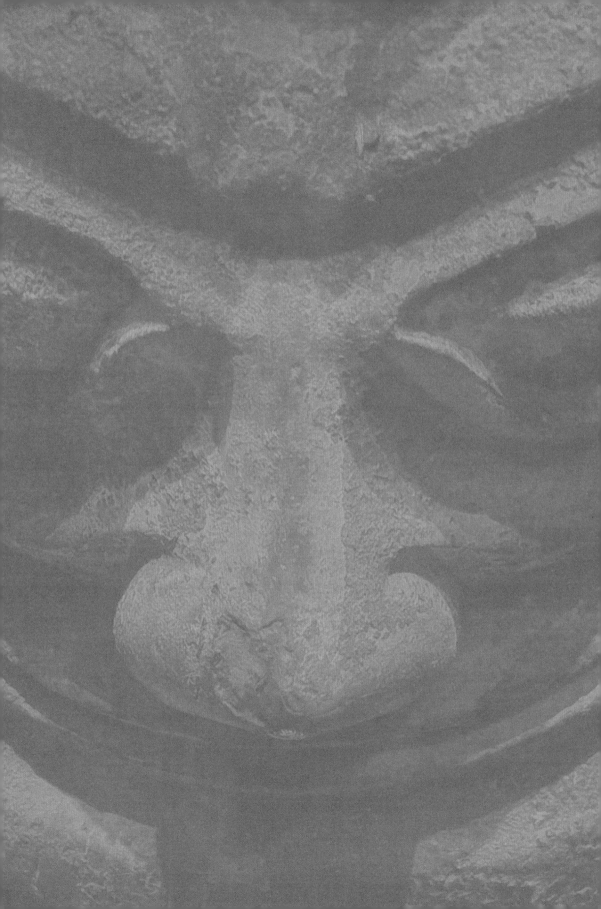

第二章

六合同风

16

黄帝:

中国历史上第一位"领导人"

名　　称	**帝王图·轩辕黄帝像**
文物时期	**东汉（25 年～ 220 年）**
原始位置	**山东省嘉祥县武梁祠**
收藏地点	**山东省嘉祥县武氏墓群石刻博物馆**
尺寸规格	**石高 184 厘米、宽 140 厘米、厚 16 厘米**

　　黄帝一直活在中华儿女心底。走近轩辕黄帝陵，便能溯到源、找到根、寻到魂，黄帝成为中华文明当之无愧的精神标识。

谁是中国历史上第一位"领导人"？或许有人会提起史前人物"三皇五帝"里的黄帝。黄帝作为古文献中的上古圣王，在中国家喻户晓，然而他究竟是神话传说还是确有其人？这是人们关注的一个历史话题。

先看石刻上的黄帝。乾隆五十一年（1786年），浙江钱塘人黄易发现了山东嘉祥武梁祠东汉石刻黄帝像，这是中国现存最早的轩辕黄帝形象记录。石刻于东汉桓帝的元嘉元年（151年）刻画。据武梁碑的碑文记载，武梁祠为"良匠"卫改制作。

从面部看，庄重威严。石刻线条简洁而刚劲，轮廓分明。黄帝姿态直立，头戴帝王礼冠旒冕，面容肃穆，双目有神。他下颌微抬，嘴巴微启，左手举起，似乎正在指挥他的核心团队实施一项重大基建工程。他没有汉代常见的男性胡须，冠后束发。东汉时期，这种"人文初祖"的理想化塑造，蕴含有"君权神授"的意识形态，呈现出帝王的尊贵与威严。在武梁祠"远古帝王图"中，伏羲、女娲等均未戴旒冕，而自黄帝起戴旒冕，后续除大禹因治水戴斗笠外，其他颛顼、帝喾等帝王也延续这一模式。这一细节，凸显黄帝作为制度开创者的独特性，彰显他是中国历史第一位"国家领导人"的身份。手伸出，似在与人互动。

从服饰看，凸显风尚。古希腊艺术强调人体（或裸体）比例与动态来表现主题，而汉代石刻更注重服饰线条来传递信息、表达意义。黄帝衣纹线条流畅，衣褶细节生动，呈现出汉代石刻特有的八分精妙技艺。着宽袍大袖，且上衣下裳，此为汉式服饰风尚。左手挥一挥衣袖的自信，恰如《史记·五帝本纪》中的描述："黄帝从而征之，平者去之"。黄帝作为最高统帅，征服不顺服的部落，待其顺服后就率军离去，以至"万国和"。黄帝关注服饰功能，以"垂衣裳而天下治"开启了礼制文明。如《周易·系辞》曰："黄帝、尧、舜垂衣裳而天下治"，证明黄帝关注服饰制度对文明治理的象征意义。《风俗通义》也有记载："黄帝始制冠冕，垂衣裳，上栋下宇，以避风雨，

山东嘉祥武梁祠东汉石刻黄帝像

礼文法度，兴事创业。"因为服饰通过视觉教化，传递出"仁德""礼制"等道德规范。透过服饰，能依稀看见《黄帝内经》描述的黄帝成长历程："生而神灵，弱而能言，幼而徇齐，长而敦敏，成而登天。"

从榜题看，图文互证。石刻标注"黄帝，多所改作，造兵井田，垂衣裳，立宫宅"，简单概括了其功绩：对早期社会制度、生产生活方式的改变涉及多个方面、多个领域；重视军事实力的建设，发明兵器，如《世本》记载其"作弓矢"，奠定了军事战斗力基础；探索农业规划方面的"井田"等土地制度；建造房屋宫殿，改善居住条件等等。此外，历史文献也多有反映。石刻像虽未直接引用《史记·五帝本纪》"轩辕乃修德振兵""以与炎帝战于阪泉之野""与蚩尤战于涿

鹿之野""举风后、力牧常先、大鸿以治民""时播百谷草木"等，但场景与榜题内容精神是一致的。

这些石刻像细节，强化了历史叙事的权威性，也强化了黄帝作为中国历史第一位"领导人"的历史正统性。

黄帝像的保护者恰好也为黄姓。武梁祠最早的著录来自宋代赵明诚的《金石录》。到乾隆五十一年（1786），浙江钱塘人黄易在济宁嘉祥查阅县志时，发现一段记载："县南三十里紫云山西，汉太子墓石享堂三座，久没土中。"黄易好古，勘察发现已经消失了一千多年的武氏祠。随后，黄易就地买了十亩地建房子，对石刻进行原置保护。黄易成为黄帝文化传承者。

值得关注的是，我国古代历史还有许多未知领域，夏代史研究还存在大量空白，因缺乏足够的文字记载，通过考古发现来证实为信史就显得特别重要。

百年百大考古成就，为有关黄帝的记载与传说提供了考古学线索。距今约6500年的河南濮阳西水坡遗址虽然是一处仰韶文化遗址，但其中45号墓墓主人掌握着极为发达的天文历法学知识，因而其身份非常耐人寻味。距今约5200年前后，中华大地进入文明阶段。位于黄河南岸的河南巩义双槐树遗址，发现约5300年前规格最高的具有都邑性质的中心聚落，有专家称之为"河洛古国"。这里出土的牙雕家蚕艺术品，是目前发现的中国农桑文明发展史上时代最早的代表文物之一。这里呈现出古国时代的

王都气象，尤其是北斗九星以及诸多凸显礼制和文明的现象，被后世夏商周等王朝文明承袭和发扬。距今约4300年前后，中原崛起。黄河中游的势力集团在与周围其他集团的力量对比中逐渐占据优势，山西陶寺和陕西石峁两座巨型都邑相继出现。学者朱乃诚认为，炎黄时代或为距今约7000年~4500年这一时期。学者刘庆柱认为，黄帝时代的时间节点或为距今约5000年。

目前，"黄帝"这一称谓还是无法得到直接确认，我们祖先的真实名字可能不叫黄帝。但是，通过丰富的考古成果与史料的互相印证，可以确认黄帝绝非神话传说，而是确有其人，因为他留下的历史印记真实存在。《史记》把黄帝作为开端，设立五帝本纪，符合早期中华文明的发展规律。可以说，"黄帝"的历史渊源有着真实的形象和背景。"有土德之瑞，故号黄帝"，"黄帝"最终成了黄帝。

有了黄帝，便有了领导人，便有了王都，便有了"宅兹中国"。这是中华民族多元一体演进的规律。学者刘庆柱认为，中国的核心文化基因是"中"，中是东南西北的汇聚。中国从"中"而来，建国要立中，建都要立中……最后，"天下之中"生成了"中国"这个概念。

黄帝一直活在华夏儿女心底。《史记·五帝本纪》记载："黄帝崩，葬桥山。"公元前110年，汉武帝"北巡朔方，勒兵十余万。还，祭黄帝冢桥山。"开帝王祭祀黄帝陵之先河。1937年清明，国共两党首次同时派代表共祭黄帝陵。抗战时期，"炎黄子孙"的称谓被定型为中华民族的文化符号。如今，走近轩辕黄帝陵，便能溯到源、找到根、寻到魂，这也是海内外华人的共识。由此，黄帝和黄帝陵成为中华文明的精神标识之一。

黄帝也属于世界。从古典学视角看，黄帝传说与希腊罗马神话分别代表了东方"伦理－历史"与西方"神性－艺术"两种文明演进路径。前者通过历史化整合族群认同，后者借助神学与艺术启蒙个体意识，共同构成人类多元文明的瑰宝。

17

中华祖神陶质人像：

沉睡五千年的王者

名　　称　**中华祖神陶质人像**

时　　期　**新石器时代**

考古学文化　**红山文化**

出土地点　**内蒙古赤峰市兴隆沟遗址**

现藏地点　**内蒙古史前文化博物馆**

尺寸规格　**高55厘米、胸围最大宽度65厘米**

我是谁，我从哪里来？这件号称中国史前考古一大发现的陶质人像，被称为"中华民族的神""东北亚人的祖先"。

我是谁，我从哪里来？这件号称中国史前考古一大发现的陶质人像，乍一看有点像脱口秀演员，也有人开玩笑说，像正在飙歌的香港歌星张学友，总之这件文物的表情看上去有些夸张，不像其他古代人像那么严肃，然而他却被称为"中华祖神"。学者严文明先生说，他"是我们中华民族的神，也是东北亚人的祖先"。这位"中华祖神"是如何发现的？

发现他，可真是一段跨越5000多年的缘分。先说红山文化，这是因内蒙古赤峰市红山后遗址而得名的新石器时代考古学文化。2012年5月23日，考古人员对赤峰市敖汉境内的红山文化开展调查时，在兴隆沟遗址第二地点的半地穴式房址中意外发现并采集了65片陶人不同身体部位的残片。2012年7月6日，考古人员对这些陶片进行仔细粘对，竟然完整复原出了一尊距今5300多年的陶人。陶人五官清晰，额顶饱满，双目有神，两腮下凹，嘴唇突起，呈现出呼喊状态，好像用说唱模式感叹："沉睡五千年，一觉醒来，这世界咋变了！"

"中华祖神"为何会出现在兴隆沟遗址？

这是首次在红山文化房址内发现的大型整身陶人。这里是中国古代农业文明与草原文明的交汇处。出土的炭化粟和黍粒距今已有8000多年的历史，证实了敖汉旗是中国古代北方旱作农业的起源地，也是横跨欧亚大陆旱作农业的发源地。2012年，敖汉旱作农业系统被联合国粮农组织列为全球重要农业文化遗产。再看包括兴隆沟遗址在内的大西辽河流域，考古人员发现了8000多年前的查海遗址与兴隆洼遗址早期的龙和玉的相遇，证明这里是中华民族演进发展的龙兴之地。

"中华祖神"的样子有些酷。

据考证，这尊人像是我国目前发现的最早、最完整、形体最大、形象最逼真、表情最丰富的红山文化整身陶塑人像。他由泥质红陶烧制而成，通体磨光，质地坚硬。他通高55厘米，胸围最大宽度为65厘米。陶人头部与身体是由两部分拼接而成，身体内壁隐约有泥条盘绕的

额顶饱满，双目有神，两腮下凹，嘴唇突起

侧脸

痕迹。胳膊与腿是实心的，应是用了草茎类筋状物加固。他双腿盘坐，两臂弯曲，右手在上握住左手，搭放在双脚之上；眼部用了黑彩描绘，看上去神态怡然。

重点看他的头部。他头戴冠饰，正中有一圆孔，长发盘折，用条带状饰物捆扎，形成横向的发髻，额顶正中有一

双腿盘坐，两臂弯曲，右手在上握住左手，搭放在双脚之上

长发盘折，头戴冠饰

耳洞

横向长条状饰物，酷似后代所常见的"帽正"，也像是今天的商标。双耳耳垂钻有圆形小孔，说明应戴有玉坠之类装饰。加之他背部微驼，似男性长者形象，专家认为，这应是祖先形象的直接反映，是王者的象征。这也说明，敖汉旗是红山文化区域中的中心区域。

"中华祖神"为何如此打扮？

走进他的出土环境，更能感受到：这涉及祖先崇拜与祭祀礼仪。灵魂观念是宗教信仰的核心问题，在原始宗教观念中，人死后灵魂并没有就此消亡，而是以另外一种状态继续存在，这是祖先崇拜产生的前提和基础。

兴隆沟遗址第二地点地处大凌河上游支流牤牛河左岸，是目前发现的唯一一处红山文化晚期长方形环壕聚落。这里不是普通的居住性房址，而是聚落内专门的祭祀场所，或兼具居住及祭祀的双重功能。原始宗教信仰上，"中华祖神"成为红山文化祖先崇拜的实证，表现出了明确的祭祀功能，也代表了红山文化晚期聚落居住与祭祀功能共存的新形态，是西辽河流域史前信仰观念体系发展成熟的重要标志，彰显了中华文明特性的连续性和创新性。同时，"中华祖神"这尊陶塑人像的出土，成为中华文明探源工程的一大突破，也是中国史前考古中的一大发现。

走得再远都需要回望来时的路。当我们目光穿过5300多年的历史时空，与"中华祖神"相遇的那一刻，便能清晰地寻找到我们文化的根，那里有我们文化自信的理由。

18

灰陶罐上的酋长:

拥有王权和神权的风云人物

名　　称	**酋长图灰陶罐**
时　　期	**新石器时代**
考古学文化	**石家河文化**
出土地点	**湖北省天门市肖家屋脊遗址**
现藏地点	**荆州博物馆**
尺寸规格	**高 31 厘米、口径 14 厘米、底径 8 厘米**

这件石家河灰陶罐呈现了史前社会在宗教信仰、社会结构和艺术创作等方面的成就，更展现了一位拥有王权和神权的风云人物。

世界之大，无奇不有。你可知道，早在 4000 年前，在长江中游就已出现了"机器人"。这位机器人来自哪里？他的样貌是怎样的呢？

先说他来自哪里。他来自湖北省天门市肖家屋脊遗址所出土的一件灰陶罐，现藏于湖北省荆州市的荆州博物馆，学名"酋长图灰陶罐"或"羽冠持斧钺人物图像"。石家河遗址是长江中游地区迄今发现的延续时间最长、规模最大、保存最完整、附属聚落最多的新石器时代大型城址聚落遗址，是中华文明起源的重要见证。在当时，石家河遗址不仅是长江中游的特大型城址，也是当时整个区域的政治中心。来自新石器时代石家河肖家一座屋脊墓中所出的泥质陶罐，高 31 厘米，口径 14 厘米，底径 8 厘米，腹部刻画一"机器人"像。

那么，这位机器人样貌如何呢？只见他两臂平伸，两腿分开，头戴方冠，冠上插羽，右手执钺，双脚着靴，呈现站立状态。若细心观察，还能看到他的面部特征是方口、直鼻、细颈。

这位机器人有三个特别之处。

一是头上戴的方冠上面插有羽毛。在史前社会，羽冠不仅是装饰，更是能力、成就、权力和神性的象征。在当时，狩猎技能是一种重要的生存技能，捕获猛禽类以获取羽毛，是一种展示能力的方式，而展示这种能力有助于提高个人在群体中的地位。印第安战士的冠上就插有鹰的羽毛，代表着他们的战功，羽毛越多，说明能力越强，也就越受人尊敬，地位也就越高。在古代中国的上古时期，头上插有羽毛的冠还被理解为通天的神器，表明戴冠的人有沟通上天的能力。所以，这个机器人在当时绝不是普通人，他很可能是部落首领或是沟通天地的神职人员，在部落中的地位显赫。

二是机器人的右手似乎拿了一个斧头，但这不是简单的斧头，而是古代一种有象征意义的重要兵器——钺。它的形状类似于斧头，但比斧头大，是一种圆刃的兵器。在古代，钺不仅是实战中的武器，也是权力和军事指挥

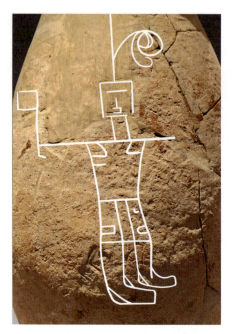

陶罐上的"机器人"

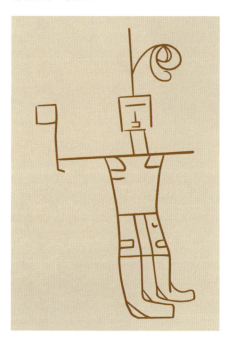

"机器人"线描图

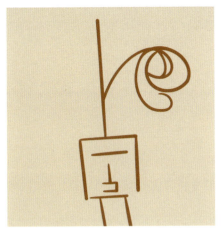

方冠上插有羽毛

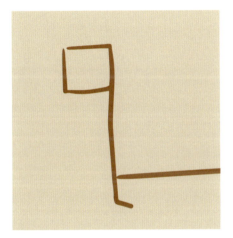

兵器——钺

长靴

权的象征。因此，这位机器人，极可能是当时的部落首领。钺与羽冠结合的形象，则进一步表明在史前社会中，王权和神权往往集于一人。部落首领或酋长，他们不仅是宗教仪式的主持人，也是军事和政治权力的掌握者。这种权力结构在史前社会的演进和早期国家的形成中起到了关键作用。从这里也能看出，在史前社会，巫师兼首领的贵族群体，同时拥有神权和王权，而且占有并控制了公共资源。其实，这就是早期分层社会向早期国家转型的表现。

有意思的是，机器人的"站立人"形象、"羽冠"和"斧钺"三大基本要素恰好是"皇"字甲骨文构形的元素。由此推测，这幅人物画像或是"皇"字的雏形，其上部所从的"白"，是首领头上羽状冠冕的具象化；其下部所从的"王"字，则是站立"人"持"钺"形象的反映。学者李伯谦认为，石家河发现的刻画符号与文字有密切的联系，已经初步具备了原始文字的基本特征。

三是机器人脚上穿着长靴。这一方面反映出机器人所生活的年代主要依靠游牧生活和生产方式来维持生计。因为经常狩猎或战斗，为了防避利爪、矢石的伤害和保护脚部，他穿上了长靴；另一方面，说明早在 4000 年前甚至更早，我们的古人已经有了比较发达的制鞋技术，能够因地制宜、获取资源制造所需的衣物。但由于制作长靴需要较复杂的物质资源和手工技能，可能只有社会地位较高的个体才能拥有和穿着长靴，再次说明了机器人身份的非同一般。

总之，这件石家河灰陶罐呈现了史前社会在宗教信仰、社会结构和艺术创作等方面的成就，也呈现中华文明标识来源的多元性。有了羽冠、斧钺、靴子的加持，我们可以推测罐子上这位 4000 多年前的机器人或是同时拥有王权和神权的风云人物。这也进一步说明石家河文化时期，社会结构中存在明显的等级分化，可能已经出现了社会分层和阶级差异。

19

人像彩陶罐：

为何伊人在水一方

名　　　称	**人像彩陶罐**
时　　　期	**新石器时代**
考古学文化	**马家窑文化**
出土地点	**甘肃省天水市师赵村遗址**
现藏地点	**中国社会科学院考古研究所**
尺寸规格	**口径 14.3 厘米、高 23 厘米、底径 9.9 厘米**

一位女神静静伫立在渭水河畔，从 4000 多年前的悠远记忆中缓缓走来。她淳朴而美丽，热切地等待着我们揭开她神秘的面纱。

"蒹葭苍苍，白露为霜，所谓伊人，在水一方。"

在这句充满诗情画意的经典中，水在何方？伊人是谁？伊人为何要在水一方呢？

先说水在何方。甘肃省的天水市，境内水源丰富，横跨黄河、长江两大流域。渭河上游支流籍河——天水人称"籍（jí）河"从市区穿城而过。天水得名，也有缘于"天河注水"的美丽传说。

"天河注水"传说是主要流行于天水市秦州区，即古代上邽（guī）县。据说远在先秦时期，上邽山水灵秀，林木茂密。西汉初年，长期的征战加上干旱，上邽城民不聊生。一天夜里，狂风呼啸，雷电交加。在轰隆隆巨响声中，天上河水倾泻而下，形成了"天水湖"。汉武帝知道后，就依据"天水湖"起名"天水郡"。据《汉书·地理志下》"天水郡"师古注引《秦州地记》中说："郡前湖水冬夏无增减，因以名焉。"北魏《水经注》也提出，天水郡治"五城相接，北城中有湖水，有白龙出是湖，风雨随之，故汉武帝元鼎三年，改为天水郡"。

所以"天河注水"这个充满浪漫主义色彩的传说，实际表达了人们祈求风调雨顺的心愿，这也是对自然力的崇尚和对美好生活的向往。

天水不但是甘肃省的天然宝地，有塞上"小江南"之美誉，还因地处中国地理几何中心，是华夏文明的心脏地带，有着灿烂光辉的古文化。距今38000多年的"武山人"头骨化石、距今8000余年的大地湾文化遗迹，以及4000多年前的马家窑文化遗址就是在这里产生的。

值得关注的是，这件马家窑文化的代表文物——人像彩陶罐就是在天水市区籍河北岸师赵村遗址第二级的台地上出土的。师赵村遗址，本身高出河床5～20米，其范围东西长约1000米、南北宽约200米，总面积约20万平方米，文化层厚约1～3米。人像彩陶罐是从圆形窖穴里出土的，质地为泥质红陶，平底深腹，有储水功能。这也是师赵村遗址首次发现的人像彩陶罐。

仔细看，这件黑色彩绘的陶罐上部绘有一条宽带纹。

陶罐肩部的水波纹

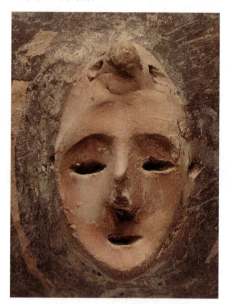
"伊人"的微笑

头顶的发髻

颈部侧边的"⊕"形符号及腹部的蛙纹、带齿边的网状纹

插发笄（jī）的。先人在头部下面用黑彩勾勒出人的躯体及四肢，两手掌还勾画出手指。她的身躯左侧画纵行齿带纹，右侧遍装饰了十字纹。颈部两侧各画一"⊕"形符号，头部两侧画有带齿边的网状纹，左右遥相对应。这种网状纹可能源于早期的蛙鱼纹。

人首像腹部中央绘有一个青蛙形态的树枝纹，这应是变体蛙纹，也是早期蛙像图案的抽象演进。背部画有竖着排列整齐的波浪纹。蛙纹意味着人类需要繁衍后代，生育受到崇拜，表达了部落延续、多子多福之意。

伊人为何会在水一方？她或许象征着氏族中具有重要地位的部落高层，或是能够沟通天地的巫师。她可能关注着部落的人口生产和粮食生产——这关乎人口安全与粮食安全的两大命脉。从稍远处回望，水波轻晃，陶罐人首像的倒影在耤河岸边摇曳生姿。她仿佛化身为一位守护在河边的天使，时而仰望星空，时而凝视水面，似乎时刻准备着实施"天河注水"，为大地播撒雨露。

一个有趣味的现象是，《诗经》中的爱情诗大都发生在河边。李书磊在《重读经典》中认为，"面对河流你会想起你已经失去和必将失去的一切，想起在这永恒的消逝中生命的短暂与渺小，会有一种无法安慰的绝望攫住你的心，你感到一种无限凄凉的脆弱与感伤。——也正是这个时候爱情就产生了。"爱情是人类无望人生中唯一的救赎，也是人在无边的沉沦中本能的呼号。这时候，先辈们或许能从这件彩陶伊人身上获得了一种神秘的永恒力量，并凭借这力量应对挑战、化解危机。

"溯游从之，宛在水中央。"相遇如此之难。在古典学里，中国的"才子佳人"要比西方"英雄美人"复杂：才子是能文能武的英雄，还要是模范君子；佳人是美人，还要是贤良的淑女。总之美好的相遇，是最好的男子和最好的女子双向奔赴。可贵的是，爱慕英雄作为女性的审美传统将会传诸永久。或许正是这种审美倾向，培养了中华男儿的英雄情怀，激励中华男儿勇于挑战、担当使命。

肩部装饰了五道平行条纹，像是五条水波纹。结合它的文化遗存，这种水波纹应是由马家窑文化早期的漩涡纹发展而来。

在陶罐肩部，先人用浮塑的方式塑造了一个完整的女性人首像，清秀、典雅，露出迷人、神秘的微笑。她的头顶有一个半圆形发髻，中间穿孔，应该是用于

20

人首形彩陶器：

男儿有泪不轻弹

名　　称	**人首形彩陶器**
时　　期	**新石器时代**
考古学文化	**马家窑文化**
出土地点	**甘肃省临夏市王坪村**
现藏地点	**临夏市博物馆**
尺寸规格	**高 7.5 厘米、面部长 6.5 厘米、宽 6.5 厘米**

"以刀划面，血泪交下"，这位哭泣者面部的泪痕夹杂着血泪伤痕，为我们揭示了远古人类情感的丰富多彩，以及那个时代人们对生命和死亡的深刻体悟。

人们常说，男儿有泪不轻弹？可是，你可曾见过西北汉子落泪的样子？

甘肃省临夏市1986年发现马家窑文化马厂类型人像彩陶，呈现了4000多年前一位男子哭泣的表情，给我们带来震撼和悲壮。男子头像以圆雕的手法制成，制作者仅用黑色线条勾勒出人的眼睛、面部妆容及嘴巴。他的脸型呈菱形，鼻子堆塑而成并刻有两个小鼻孔。嘴巴是浅刻的，脸两侧有捏塑而成的扁平状耳朵，耳朵上有耳洞，用于佩戴饰物。专家认为，这应该是当时先民长相的真实反映，他的存在可能与当时的祭祀活动有关。从男子面部的竖线纹风格看，他与青海乐都柳湾出土的彩陶人像和甘肃永昌鸳鸯池第99号墓出土的人像竖线纹是相似的。

特别的是男子的发型——对开的二分头。从额顶以上，用线纹画出头发，由中间向两边披分开，呈"人"字形分垂于脑后，清楚地显现了披发的样式。披发是中国古代先民最原始的、未经任何装饰的一种发式。在西北地区，人们不仅崇尚披发，而且喜欢将头发盖住脸面，于是"披发覆面"成为风尚。因此，这件人头像为研究古羌族提供了物证资料。

关于披发覆面的习俗，过去一直流传着一种说法：在秦厉公时，羌族首领爰剑历经艰险，与一个被割掉了鼻子的女子野遇，两人结为夫妇。由于"女耻其状，被发覆面，羌人因以为俗"。对于这样的传说，学界一直持怀疑态度。如今，随着有不少披发的出现，使我们对这个历史传说有了新认识。

值得关注的是，男子眼睛和鼻底以下画出的两道竖线纹，似乎是泪水以及伴生泪水的鼻涕。俗话说男儿有泪不轻弹，是什么让这个约4000年前后披长发，嘴唇紧抿的西北汉子流下两行长长的热泪呢？专家认为，也许这件男子头像是哀悼死者的祭品，故而寄托着生者的哀思。

流泪男人可不止这个4000年前的西北汉子。据史

精致小巧的"哭泣男子"

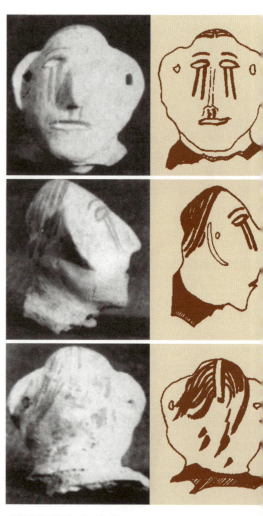

"披发覆面"的古代风尚

眼睛和鼻底以下画出的两道竖线纹

书记载，草原游牧民族匈奴人、突厥人和斯基泰人在哀悼死者时，也会用小刀把脸划破，让血和泪一起流出来，表达心中的哀伤。西方历史学家希罗多德谈斯基泰王的葬仪时介绍，"斯基泰人的故乡当是在靠近北高加索的中亚一带"，当斯基泰人的王去世时，"人们要割下一片耳朵，剃下一圈头发，划破额头和鼻子，用箭头刺穿左手。"对于突厥人的葬仪，《隋书·突厥传》上说，有死者，停尸帐中，家人亲属"绕帐号哭，以刀划面，血泪交下。七度而止"。这让我们看到了"以刀划面，血泪交下"作为风俗习惯承传下来了。

也有学者认为"以刀划面，血泪交下"图案应该是巫师作法时戴的面具。无论如何，这位哭泣者面部的泪痕总归是夹杂着血泪的伤痕。爱的情感是超越空间、时间和民族、种族的。他们为我们揭示了远古人类情感的丰富多彩，以及那个时代人们对生命和死亡的深刻体悟。这种悲伤像人类文明的一根琴弦埋在每个人的血脉里，直待后人拨动时，情感的共鸣便这样回荡开了。

回望历史长河，每个民族都有自己丰富的情感表达方式。这位4000多年前的西北汉子，以及斯基泰人、匈奴人、突厥人的哭泣习俗，有相似、有不同，都凸显出本民族独有的文化印记。他们都在按照他们自己的方式，来表达情感，创造和书写自己的历史。如此，人类文明大花园才会和谐灿烂。

21

玉神人头像：

头上有犄角的小城"市长"

名　　称　　**玉神人头像**

时　　期　　**新石器时代**

考古学文化　**后石家河文化**

出土地点　　**湖北省天门市石家河遗址**

现藏地点　　**天门市博物馆**

尺寸规格　　**冠宽 3.1 厘米、耳宽 4.6 厘米、高 3.35 厘米**

　　　　　　厚 0.6~1.1 厘米、重 19.12 克

小城"市长"玉神人头像和以谭家岭为代表的多批精美玉器的发现，呈现出了 4000 多年前谭家岭古城内的社会发展和文化进步。

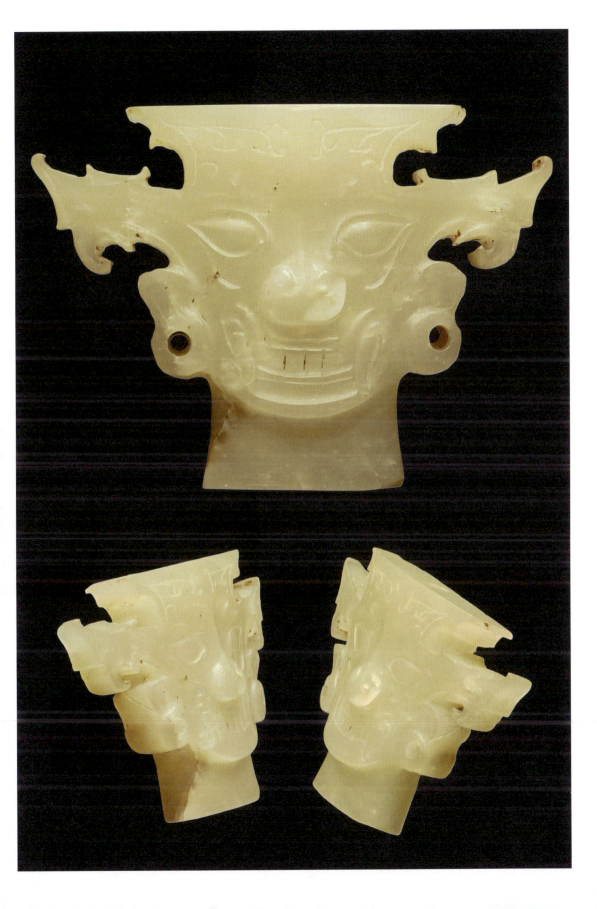

这是 2015 年，湖北省天门市石家河遗址谭家岭 9 号
瓮棺出土的 4000 多年前的玉神人头像，微笑中透出一种
王者的神秘。有人形象地比喻说，这是 4000 多年前的小
城"市长"。我们今天就来聊聊这位以新颖的造型、精
湛的工艺轰动学术界的小城"市长"。

小城故事多，小城"市长"生活的地方有哪些故事呢？
小城"市长"生活的谭家岭古城位于石家河遗址的核心
区域。谭家岭古城城垣内总面积约 17 万平方米，外壕内
总面积约 26 万平方米。2015 年，考古人员在谭家岭遗址
发现了九座瓮棺葬，其中 9 号瓮棺出土了 63 件玉器，是
石家河遗址出土玉器数量最多的一次集中发现。

"小城"居民日常生活情况如何？从人口规模看，
学者彭小军在专著《屈家岭：五千年前的众城之邦》中
提到，若按照现在村落的居住区面积和人口计算，当时
的石家河城内居民当以万计。谭家岭遗址发现了单间房屋，
房屋的地面发现了豆、罐、石斧、纺轮等成套生活用具，
以及中间设置圆形火塘，这些遗迹生动再现了这座"小城"
的生活场景。粮食存量高，水稻占比高，这不仅是水稻
广泛种植的结果，也是农业技术进步的表现。

那么，这位小城"市长"在当时究竟是什么身份呢？
考古界认为，玉人雕像可能是当地神族或巫师，以及一
些与自然结合的神权人物的形象。学者方勤推测，"他
可能是我们的一个祖先的形象，或者说是当时的一个统
治者的形象。"

我们仔细观察可以发现玉神人头像具有人面特征。他
头戴平顶冠，宽额，额头上阴刻双鸟纹，梭形眼，蒜头鼻，
耳廓外张，双耳下端有圆耳孔，嘴两侧有长獠牙，圆下巴。
头像在一些细节上可能进行了夸张或抽象处理，但整体
上比例协调，形态自然，既有神的端庄大气，也有人的
凡俗可爱，展现了对人体结构的深刻理解和艺术再现。

小城"市长"的额头上刻的双鸟纹、头像有形似飞
鸟的犄角、头戴平顶冠的长檐等特征很容易让人联想到
飞鸟，而且给人一种神秘古朴、神威凛然之感。在史前，

头戴平顶冠，额头阴刻双鸟纹

梭形眼，蒜头鼻，长獠牙

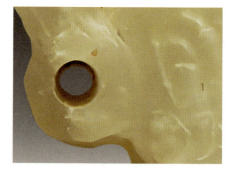

耳孔

耳孔

飞鸟通常象征着社会地位或神性，比如山东大汶口文化陶缸上那些驮着太阳飞过山巅的神鸟形象也是如此。

值得注意的是，这位小城"市长"口中上下伸出的两对尖利獠牙。人类怎么会有这样的牙齿呢？因为我国史前艺术造型中，以獠牙来表现神性、象征神秘力量是普遍存在的现象。这种獠牙形象最早取材于野猪之獠牙，目前所见较早的獠牙神人形象见于东北兴隆洼文化，例如内蒙古赤峰地区白音长汗遗址出土的叶蜡石人面像上，以贝壳镶嵌出上下两对獠牙，整体造型虽简单古拙，但狰狞之意尽显。良渚文化的"神徽"图案中也出现獠牙神兽，体现了类似的神格表现手法。可以发现，在不同时空，相似的獠牙神面体现出我国史前时代以獠牙凸显神性、呈现神格这种艺术手法与相应观念的渊源之深、流布之广。

细心的朋友会注意到，小城"市长"头像上穿有耳孔，这其实体现了"小城"居民当时的审美趣味及祭祀场景。他们在祭祀上天、祈求丰收时，常常把玉器头像当作神灵形象来崇拜。巫师还可以通过这些孔将玉器缀缝或者镶嵌在法衣上，祭祀时穿上法衣、舞起法具，以期通过这些玉人面沟通天地。

从技术上看，谭家岭聚落新发现的玉器制作工艺技术精湛，至少采用了片切、线切、管钻、浮雕、圆雕、减地阳刻、掏膛等工艺技术。其中，双面减地阳刻与掏膛工艺技术尚属首次发现，代表了史前中国乃至东亚玉器加工工艺的最高水平。就这一件使用透闪石软玉制作的玉器来说，其工艺极为精妙。整个头像幅面虽不过三四平方厘米、厚度也仅几毫米，但细致到嘴中四颗牙齿之间的三道牙缝都毕露无遗。

小城"市长"玉神人头像和以谭家岭为代表的多批精美玉器的发现，呈现出 4000 多年前谭家岭古城内的社会发展和文化进步，为我们了解谭家岭古城、石家河文化提供了重要信息。

22

四坝人形彩陶罐：

河西走廊最酷的插兜少年

名　　称	**四坝人形彩陶罐**
时　　期	**夏商之交**
考古学文化	**四坝文化**
出土地点	**甘肃省玉门市火烧沟遗址**
现藏地点	**中国国家博物馆**
尺寸规格	**高 21 厘米、口径 4 厘米、底径 7.2 厘米**

在偏远的西部，在古老丝绸之路上，我们有幸与火烧沟彩陶少年相遇，见证了 4000 多年前羌族人创造的流行元素和时尚生活，见证了中国先民在东西方文明交流中流淌的饱满自信。

如果网上举办中国历史上最酷美少年评比，我认为一位少年郎应该入选。

你看这件文物：颜面俊朗，双手插兜，走路带风，自信满满，底气十足，张扬着中华少年特有的阳刚之气。你可能想不到，这个又酷又帅的少年郎，来自4000多年前的河西走廊，在甘肃省玉门市火烧沟遗址出土。目前藏于中国国家博物馆。那么这位少年是谁？他为何会有这么酷的打扮呢？

我们先看他的造型。他双手插兜，一头利落的短发，高鼻深目，紧闭双唇，嘴角微微上翘，露出淡淡的笑意。靠近看，他的耳洞对称，应挂有耳环；高鼻内部，有挂环形装饰的小孔，像不像青春叛逆期的少年郎？

他的打扮就是现在看，不仅有型，还十分时尚。他身穿短款的上衣，衣服上绘有网格纹、菱形纹、三角折线纹，现在很多新潮的衣服都用类似的图案。他脖子下面系着黑色的三角形丝绸巾，丝绸巾仿佛被风吹起，整个人潇洒怡然；下身着网格长裤裙，硕大的双脚上穿着看上去很现代的高筒靴。

为什么4000多年前的人会有现代人这样时尚的打扮？

先说丝绸。有人认为是他脖子下面胸饰是多层挂件。靠近仔细观察，黑色彩绘是一个整体，不是一圈圈项链密集排列，所以应是三角形丝绸巾。5000多年前的洛阳双槐树遗址和牛河梁遗址就已经出现了蚕形文物。出土这件彩陶罐的火烧沟遗址处于古老的丝绸之路上，并发现有桑蚕形文物。此时，丝绸传播到玉门火烧沟遗址一带是可能的。就这样，在古老的丝绸之路上，火烧沟少年郎生活在中华文明与印欧文明交融的前沿，客观上助推了时尚文化传播。所以我们看到少年一身这样的打扮就不奇怪了。

这件文物，还能让我们读到4000多年前的不少其他信息。

一是从整个陶罐下部看，这位少年鞋尖上翘的双脚

深目高鼻，紧闭双唇

脖子系黑色三角巾

双手插兜

下身穿网格长裤裙

有些夸张。而在火烧沟遗址中出土的另外两件"人足彩陶罐"上，干脆就是用人的双脚形状做成陶罐，非常夸张。做成"脚"形状的器物，在火烧沟不止出现一处。这说明火烧沟的先民们"脚穿长靴"是比较普及的，也反映出当时河西走廊冬天是很寒冷的。二是从整个陶罐上部看，少年的双臂构成陶罐的双耳，应是为了方便放牧时携带。《说文解字》说："羌，西方牧羊人也。"火烧沟遗址中，有大量的羊作随葬品。火烧沟遗址所属的四坝文化被认为是古代羌族的文化遗存。这里的居民过着半农半牧的生活。他们生产出来的生活工具喜欢仿造人和动物的造型，非常可爱。还有一点你可能想象不到，这位河西走廊少年是带着"礼包"一路走来的。可是，他的"礼包"藏在哪儿呢？由于少年的身体是中空的，能够作为容器使用，所以瓶中可以放置奉献给神灵的礼物，例如美酒。此外，他带着"礼包"能充当巫师或神灵。此时，他的一双大脚正奔波在河西走廊，沟通人与天、人与地、人与神、人与人的关系，推动人和自然，人和社会的和谐发展。

历史未曾走远。在偏远的西部，在古老丝绸之路上，我们有幸与火烧沟彩陶少年相遇，见证了4000多年前羌族人创造的流行元素和时尚生活，见证了中国先民在东西方文明交流中流淌的饱满自信。这，正是中华文明持续发展五千年的深层理由。

23

三星堆铜人头像：

4000 多年前的"思想者"

名　　称　**三星堆铜人头像**

时　　期　**商（约公元前 1600 年 ~ 前 1046 年）**

考古学文化　**古蜀文化**

出土地点　**四川省广汉市三星堆遗址**

现藏地点　**三星堆博物馆**

尺寸规格　**通高 13.6 厘米、宽 13.3 厘米、头纵径 7.3 厘米、横径 7.4 厘米**

在悠悠的历史长河里，作为中国的"思想者"，这位低头沉思的人物，是早期中国统一多民族国家融合产生过程的历史亲历者，见证了三星堆遗址的发现与研究，展现了古蜀文明的独特性和创造性。

1986 年，三星堆遗址二号祭祀坑出土了一件三星堆铜人头像。说起三星堆，大家都是久闻大名，那么三星堆为何如此重要？三星堆的"思想者"又有哪些秘密呢？

三星堆遗址的重要之处在于，它是揭开巴蜀文明神秘面纱、解决中国文明起源和发展问题绕不开的一个环节。著名学者李学勤说："可以断言如果没有对巴蜀文化的深入研究，便不能构成中国文明起源和发展的完整图景。考虑到巴蜀文化本身的特色，以及其与中原、西部、南方各古代文化间具有的种种关系，中国文明研究中的不少问题，恐怕必须由巴蜀文化求得解决。"与三星堆遗址相关的三星堆文化、三星堆古国、古蜀文明，既有它符合历史进程规律的一般性，又有其神秘而奇异的特殊性，现在尚有大量的未知领域和未解之谜有待更多人去研究发掘。我们今天先从这件文物说起。

头微低，眼神神秘

这件三星堆铜人头像，它的造型很像一位"思想者"，有火烧过的痕迹。关于二号坑的性质，有学者认为是"墓葬陪葬坑"，也有学者认为是"异族入侵"后宗庙遭到"扫庭"的结果，是所谓"庆胜性埋藏"。但是发掘报告认为，"二号坑应是祭祀（埋）坑。"结合文献记载可以印证，二号坑正是一次重大综合祭祀活动的遗存。当时的祭祀应有祭天、祭地、祭山等形式。从人头像、礼器以及祭品的规格、数量、形态来看，当时祭祀的规模和场面都已达到了非常宏大和热烈的程度，产生了广泛而深远的影响。学者赵殿增认为，三星堆古国时期通过反复进行各种规模和形式的祭祀活动，强化了神权国家的思想理念、向心力量和统治能力，成为一处具有广泛影响力的宗教祭祀中心。

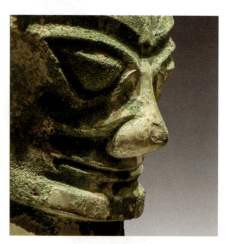

眼外角吊起、眼眶特大，呈菱形

所以，这位"思想者"应该是一件祭祀品，是神权国家思想理念的集中体现。那么，他有哪些艺术特点和独特魅力呢？你看，他头微低，眼视前下方，似乎在思考什么。他的头顶，有发辫盘于头上，发际线齐耳根；粗眉大眼，高鼻梁，鼻头半尖略向上翘，嘴角下勾；耳较圆，饰云纹，开廓至耳垂穿三个小圆孔，耳上方留短

鬓发；颈短粗，前下端铸成倒三角形，后下端残断。最值得关注的是他的神秘眼神。只见他眼外角吊起、眼眶特大，呈菱形。目前这类三星堆式菱形眼睛形象常见于古蜀国所辖区域及其周边受古蜀国影响较深的区域。

以三星堆为代表的巴蜀地区是中国文明的重要起源地之一，是长江上游的古代文明中心。与其同时在二号坑出土的遗物，如玉器器形与中原殷商时期妇好墓所出文物接近，说明至晚在商代晚期，蜀和中原已有一定的经济、文化交往，而三星堆出土的文物便是这一交流的有力物证。三星堆考古队原队长赵殿增也认为，东西方众多古文明的典型文物在三星堆集中出现，说明在3000多年前可能已经存在着"早期丝路文明"这样一条交流途径。三星堆古国或许就是其中一个非常重要的节点和枢纽，在东西方古文明交流与发展史中占有特殊的地位和作用。

在悠悠的历史长河里，作为中国的"思想者"，这件低头沉思的人物头像，是早期中国统一多民族国家融合产生过程的历史亲历者。他见证了三星堆遗址的发现与研究，展现了古蜀文明的独特性和创造性，实证了古蜀文明是中华文明的重要组成部分，从而丰富了中华文明的整体面貌。

发辫盘于头上

耳饰云纹，耳垂穿三个小圆孔

24

妇好玉人像：

200 多条甲骨卜辞上的传奇女子

名　　称　　**玉人（妇好）**

时　　期　　**商王武丁时期（约公元前 1250 年～前 1192 年）**

出土地点　　**河南省安阳市殷墟妇好墓**

现藏地点　　**中国国家博物馆**

尺寸规格　　**高 7 厘米、宽 3.5 厘米**

　　妇好是谁？她庙号"辛"，是商王武丁的王后，一位在中国历史上兼具王后、祭司、将领三重身份的传奇女子。

"妇好其来？妇好不其来？"200余条殷商甲骨卜辞曾提及妇好。

1976年，河南省安阳市殷墟妇好墓出土的一件玉人像看上去像是一位"烫发女郎"，考古推测，此玉人可能就是妇好本人。这件玉人像现藏于中国国家博物馆。

玉人不简单。其全身呈黄褐色，身体呈踞坐状，双手抚膝。细眉大眼，作"臣"字状，双眉以阴刻细线勾连，形成流畅的弧形。鼻梁高挺呈直线，鼻翼宽大且以减地雕法凸起，形成立体感。嘴唇紧闭，嘴角略微下垂，通过浅浮雕技法表现唇线，凸显庄严肃穆的神情。长脸尖下颌，颧骨突出，头两侧有方形耳。双耳穿孔，耳垂肥厚。头上梳一长辫，辫根起于右耳后侧，经头顶盘后脑一周，辫梢压在辫根之下。发纹以平行阴线刻画，发髻根部饰云雷纹带。发冠前方横置一卷筒状装饰，上刻波折纹。身着交领长衣，长袖至腕，袖口较窄，衣上饰云纹、目纹。腰束宽带，上饰三角纹，腹前垂一长条状"蔽膝"，左侧腰部插一宽柄器。肖像或并非写实，但仪态显得雍容华贵，比例契合商代"以方为美"的审美范式。

从玉人形象延伸至妇好的生活风貌，可见其时尚的特质。

服饰奢华。除玉人像外，妇好墓还出土了18件玉玦，其尺寸与工艺远超平民饰品。腰系玉组佩，形成"环佩叮当"的礼仪美学，被后世周代礼制吸收。残留的平纹绢、雷纹绮等丝织品印痕，证明其服饰采用了高级丝绸，并搭配朱砂等矿物染料制成。相较于同期埃及奈菲尔塔丽（Nefertari）王后的亚麻褶裙与黄金项圈，妇好的"高髻玉饰"更强调材质自然属性，反映东方"天人合一"的审美情趣。

食宿精致。妇好墓出土的青铜器中，三联甗（蒸煮器）、偶方彝（酒器）等独创器型，兼具实用性与艺术性。其表面的饕餮纹、夔龙纹组合，被贵族竞相模仿，形成商代"狞厉美学"风潮。酒器占比约74%，其中的爵觚配对礼制成为商代贵族宴饮的标配。甲骨文记载妇好参与"获麋""擒象"的狩猎活动，墓中出土的象牙杯、

冠前方横置卷筒状装饰，上刻波折纹

身体呈踞坐状，左侧腰部插一宽柄器

犀牛骨器等，表明其食谱应有珍稀野味，带动贵族阶层"尚猎食"的风尚。居所采用"夯土台基＋茅茨顶"结构，墙面以白灰涂抹并绘有红黑几何纹饰，成为商代贵族宅邸的模板。权力即美学，仪式即潮流。妇好将玉器的神圣性、青铜的威仪感、丝绸的华贵度融为一体，创造出兼具宗教权威与世俗审美的时尚体系。

难得的是，妇好爱情美满。在中国国家博物馆展厅，有一件妇好墓出土的商王武丁送的玉（石）牛，王给王后送玉（石）牛，这是目前发现的唯一案例。

妇好与商王武丁的婚姻，本质是奴隶制背景下的政治联姻，是构建方国联盟的枢纽。妇好可能来自"井方"（今邢台一带），该方国控制着商王朝北部铜矿资源。武丁通过联姻实现控制战略资源的地缘布局。

甲骨文中藏着妇好与武丁的情感密码。武丁为妇好占卜的记录多达200余条，涉及生育、疾病，甚至"王梦妇好不惟孽"的梦境，远超其他配偶。这种频繁的私人化占卜，体现了超越政治考量的情感联结。妇好早于武丁去世。妇好墓远超商代"后"级墓葬规制，随葬的一批超规格礼器，体现了武丁的特殊情感寄托。

可贵的是，妇好不是"花瓶"，她担当了商王朝的使命。

巩固商朝疆域安全。妇好是商代女性军事统帅。甲骨文记载妇好与武丁协同实施的巴方伏击战，"辛未卜，争贞：妇好其从沚戛伐巴方，王自东骚伐，戎陷于妇好位"。这是中国战争史上最早的伏击战记录。她还实施了大规模兵团作战的组织模式。如伐羌方，甲骨文记载"登妇好三千，登旅万乎伐羌"，这是征发妇好部属三千人，联合其他士兵一万人讨伐羌方。其军事指挥体系可能包含常备军"师"与临时征召兵"旅"。此外，妇好还有征伐土方、夷方等战绩，多次平定西北、东南边境的叛乱。妇好墓出土的玉蹀带有使用痕迹，被推测为其射箭时保护手指的实用工具，佐证其亲自参与了军事训练。妇好墓中青铜实战兵器虽较少，但是这在一定程度上反映了妇好对"祀与戎"的偏好。即便存在争议，其作为"女战神"的象征意义，仍被学界广泛认可。

强化王权合法性。妇好通过主持求雨、占卜等祭祀活动，强化了王权的神授色彩。甲骨文记载妇好主持的祭祀仪式，"贞：妇好燎于父乙""贞：燎祭于先妣"。涉及妇好的甲骨卜辞，详细记载了求雨、疾病祈福等流程，成为研究人类早期王朝决策机制与神秘主义思维的原始档案，也实证了"巫王一体"的运作逻辑。妇好通过宗教活动强化军事权威的模式，与古埃及哈特谢普苏特女王以"神之妻"身份统治形成跨文明呼应，为研究早期政教合一体制提供对比材料。

参与族群交流、交往、交融。妇好墓出土的玉器中，部分玉料经检测源自新疆和田、辽宁岫岩等地，证明商代已存在横跨数千公里的玉石贸易网络。墓葬中出土的印度洋海贝、草原风格青铜刀等，体现了商王朝与南亚、北方游牧族群的交流。物质的交流是早期"全球化"的缩影，为研究欧亚大陆早期丝绸之路文化互鉴提供了样本。这些物证，也呈现了中华文明多元一体的早期特征。

女性权力的张扬。妇好兼具王后、祭司、将领的三重身份，展现早期社会分工的灵活性。妇好墓出土的十余件青铜钺，其中两件重达九千克，钺在商代是军权的象征，表明其拥有与男性将领同等的军事权威。妇好的存在，挑战了传统"男尊女卑"的叙事，为世界性别研究提供了公元前13世纪的东方案例。与妇好同时期的地中海女性代表，如奈菲尔塔丽（Nefertari）、普杜赫帕（Puduhepa）等，无一人能匹配其"军事统帅＋祭司＋政治家"的多重身份。

在玉人的褶皱中照见青铜时代的中华文明。妇好不仅是中华文明的骄傲，更是世界文明史中一座连接过去与未来的桥梁。

25

孔子：

走出春秋时代，走进千秋万代

名　　称	**孔子衣镜（复制品）**
文物时期	**西汉（公元前 206 年 ~ 25 年）**
出土地点	**江西省南昌市海昏侯刘贺墓**
现藏地点	**江西省博物馆**
尺寸规格	**接合后残存部外框长 96 厘米、宽 68 厘米、厚 6 厘米**

　　剑侠与书香是东方文化中极其诗意的意象。剑是立体的诗，书是平面的剑，孔子推动构筑了华夏文明刚柔相济的精神品格。

这件衣镜是目前发现最早的孔子形象实物。绘有孔子及其弟子颜回、子贡、子路、子羽、子夏、子张、曾子等。衣镜的出土地点不是孔子的家乡山东，而是江西省南昌市海昏侯刘贺墓。

江西为何会出现孔子衣镜？刘贺是汉武帝之孙，昌邑国（原鲁地）哀王刘髆之子，曾继承昌邑王爵位。公元前74年，汉昭帝驾崩后，权臣霍光拥刘贺为帝。刘贺在位27天被废，后又被汉宣帝改封为海昏侯，迁至豫章郡（今江西南昌），去世后墓葬于南昌。

刘贺成长于儒学氛围浓厚的昌邑国，其墓中出土的《论语》《孝经》《礼记》等儒家典籍，以及被推测为刘贺亲笔抄写的《论语》木牍，均印证其儒学素养。衣镜上的文字内容与《史记》《论语》所载孔子及弟子的生平、言行基本相同。这也是汉代儒学发展的缩影。

孔子衣镜在海昏侯墓中的位置位于主椁室的西室，由镜掩（盖）、青铜镜和镜框三部分构成。衣镜为青铜质，矩形，出土时从中间断裂为上下两块，可复原，长70.3厘米、宽46.5厘米、厚1.3厘米、镜缘厚1.2厘米。铜镜背面为素面，有五个长3.8厘米、宽2厘米、高1.8厘米的半环状钮用于固定在镜框上。整个衣镜镜框为木质髹漆，镜掩与框通过左侧的两个铜合页连接，可开合。

孔子形象如何？从残存的文字和图像信息中，可判断为孔子及弟子。设计孔子形象时，应参考了《史记》等文献内容。

一是身材高大。在《史记》的"传记"和"世家"中，都谈到孔子外貌具有的突出特征就是"身长"，都为"长九尺有六寸"，而且人人"异之"，皆谓之"长人"。图中孔子像高约28.8厘米，宽约8.4厘米，背微前倾。颜回像高约27厘米，宽8.8厘米，面向孔子，双手合抱于身前躬身行礼。和颜回比起来，孔子身材明显"高大上"。

二是儒雅清瘦。尽管水渍导致面目细节模糊，但画像中仍可辨识出孔子额头凸起如丘，留有长须，身材消瘦。他头戴小冠，身穿深衣长袍，腰部有束带，脚上穿翘头履。

孔子衣镜上的孔子及其弟子颜回

儒雅清瘦

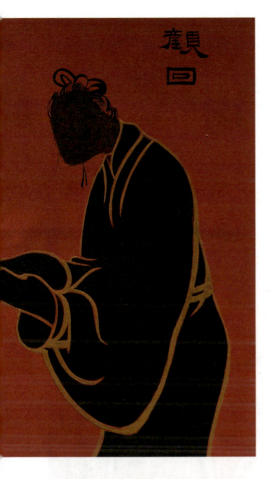

腰间佩剑

特别是面部轮廓，线条简练，刻画生动，依稀能看出孔子儒雅、内敛、谦恭的儒家学派创始人形象。这也符合后人对孔子"儒雅清癯"的描述。

三是成为布衣宗师。画像中，孔子位于左侧，其他人都是线描身体轮廓，而孔子则是精细满绘，身上服饰用粉彩。春秋以前学在官府，平民是没有资格入学接受教育的。孔子提出"有教无类"，宣布"自行束脩以上，吾未尝无诲焉"的招生原则与方法，就是不分性别、年龄、民族、种族，也不分社会阶层、家庭财产状况或地域来源，创造相对公平的教育机会，这在教育发展史上具有划时代的意义。汉平帝元始元年（5年），封孔子为褒成宣尼公。孔子从《史记·孔子世家》中描述的"丧家之狗"到被后人尊称为"布衣宗师"，孔子被人为地神话了。

四是文武双全。衣镜中的孔子是佩剑的。书生意气，剑侠风骨，孔子追求自由与道德的融合。孔子是商汤后人，先辈自孔父嘉至其父，世代职司武事，"军旅之事"乃是他的世传家学。孔子学过军事，教过军事，懂得军事。据《史记·仲尼弟子列传》载，孔门弟子闻见于书传者人，其中虽无如孙武那样的杰出军事家，却也有如冉有、子路等闻名当世的军事将领。孔子的军事思想主要涉及：其一，把"民信""足食""足兵"作为立国的重要基石之一。"足兵"依次置于立国的第三位。其二，主张加强军队训练，提高士卒素质，"教民即戎"，反对"不教而战"。其三，提倡的"仁""知""勇"等君子之德，形成了后世的所谓"儒将"的基本品格。孔子还参与军事活动，如曾参与齐鲁夹谷之盟，并在会盟中面对齐国的阴谋时，亲自指挥鲁国士兵驱逐企图劫持鲁定公的来人，挫败了齐国的图谋；还曾参与"堕三都"事件，当鲁定公被公山不狃和叔孙辄的叛军包围时，孔子指挥申句须、乐颀等将领击败叛军，稳定了鲁国局势。可以说，剑侠与书香是东方文化中极具诗意的意象，剑是立体的诗，书是平面的剑，孔子推动构筑了华夏文明刚柔相济的精神品格。

孔子衣镜正面

值得关注的是，孔子有两次相遇，为人类文明进程打上中国印迹。

一是孔子和老子相遇。孔子衣镜的上方镜框，中间是神鸟（朱雀），两侧为仙人（东王公、西王母），左侧为青龙，右侧为白虎，下方图案通常被认为是玄武，但《衣镜赋》中将其描述为"仙鹤"。这些是与老子相关的道教元素，让我们联想到儒道两大思想体系的对话与交融。春秋战国时期，以孔子为代表的儒家和法家、道家、墨家、农家、兵家等各个思想流派相互切磋、相互激荡，形成了百家争鸣的文化大观，丰富了当时中国人的精神世界。在轴心时代，中国以儒家为代表，建立起了中华文明的核心价值，其中的最核心内容已经成为中华民族最基本的文化基因，这也是有别于其他民族的独特标识。

二是孔子和马克思跨越时空的相遇。海昏侯墓成为新时代长江文化带上的一个文化遗址公园，本身是相遇"结合"的彰显。郭沫若1925年在《洪水》半月刊发表了《马克思进文庙》一文。文中，孔子对马克思惊叹："你这个理想社会和我的大同世界竟是不谋而合。"马克思对孔子感叹："我不想在两千年前，在远远的东方，已经有了你这样的一个老同志！"郭沫若向我们阐释了中华优秀传统文化中，有契合马克思主义的政治观念和价值观念，有朴素的唯物论和辩证法传统，还有朴素的社会主义元素。

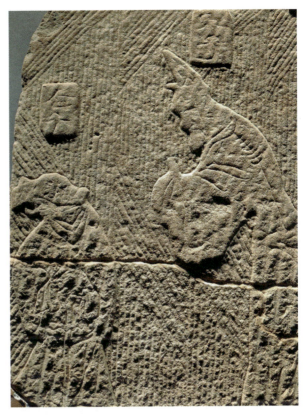

孔子（右）见老子（左）画像砖，东汉，四川博物院藏

从老子、墨子、孔子、孟子，以至于孙中山先生，都希望世界上有"天下为公"的大同社会能够出现。中国的马克思主义，就是以马克思的科学共产主义的理论为养料，而从中华民族自己的共产主义种子中成长发展起来的。

就这样，曲阜孔子成了东周孔子、中国孔子、东亚孔子、世界孔子、未来孔子。

孔子面上，目光深邃，好像带着大大的问号眺望未来。事实上，孔子不是得出结论，和马克思一样，是问题的逻辑起点。对待孔子，我们不可满足于活在"至圣"之下，而当青出于蓝而胜于蓝。

当孔子走出了春秋时代，孔子便走进了千秋万代。

26

彩绘立人木俑：

谁是云中君

名　　称　　**彩绘立人木俑**

时　　期　　**战国（公元前 475 年~前 221 年）**

出土地点　　**湖北省荆州市官坪砖瓦厂 35 号墓**

现藏地点　　**荆州博物馆**

尺寸规格　　**高 38.5 厘米、肩宽 10 厘米**

　　魂兮归来。彩绘立人木俑作为文化符号，承载着战国时期的集体意识编码。木俑的存在，是打开战国楚人精神世界的钥匙。

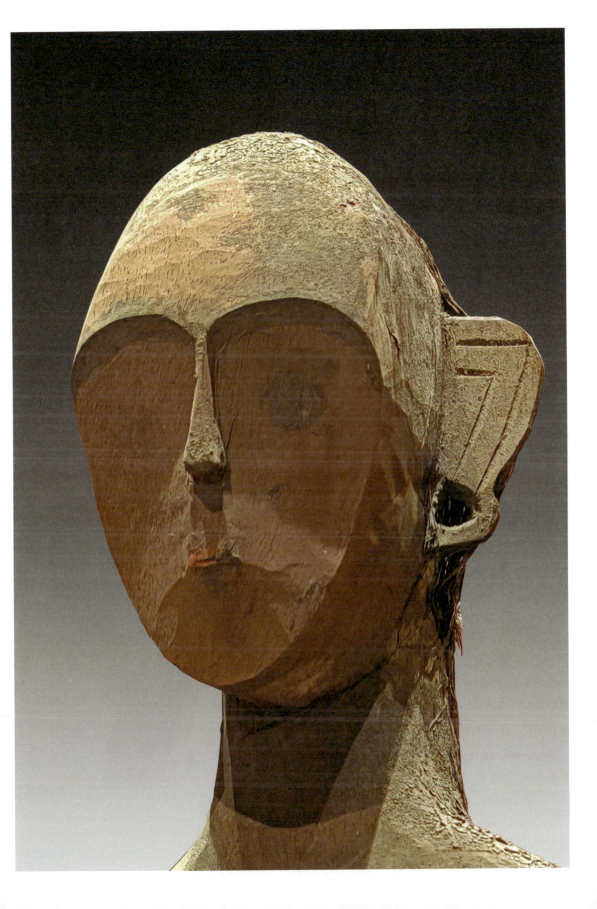

在神灵隐现之间，在云气聚散之中，屈原将古老的祭祀乐歌书写成文学经典，留下了《楚辞》中《九歌·云中君》这个篇章。当我们重读"灵皇皇兮既降，猋远举兮云中"时，依然能感受到那个在诗性中飘动的云中君，以及屈原浪漫主义的家国情怀。

然而，谁是云中君？云中君在哪里？

"彩绘立人木俑"是战国楚文化的一个缩影，和云中君存在文化上的关联。一是文化气质相近。木俑的神秘气质与《九歌·云中君》中"浴兰汤兮沐芳，华采衣兮若英"巫祭场景契合，其中的"思夫君兮太息，极劳心兮忡忡"演绎了巫觋文化的人神互动。二是时空相近。楚墓木俑始于春秋晚期，流行于战国中晚期，一般出土于士以上等级的楚贵族墓中，以期待事死如生。此木俑出土于荆州官坪砖瓦厂，就是古云梦泽地区。此时的楚国由盛转衰。云中君故事也是发生在云梦泽。《左传·定公四年》曰："楚子涉睢济江，入于云中。"《尚书》曰："云土梦作。"《尔雅》曰："楚有云梦"。学者徐文靖《管城硕记》卷十四认为，"云中君"当为云梦泽中之神。三是功能相近。对于云中君的职业，学者林家骊认为，云中君首先是云中的一位神，除在观测天象、制定历法、安排农事等方面有重要作用外，也有着催化男女婚恋的浪漫意义。云中君祭祀时，木俑便升华为仪式的载体。

透过"彩绘立人木俑"，我们依稀能看到"云中一位神"的模样。

一是美得"丰颐"。木俑作站立状，面部五官夸张，双耳穿孔，墨绘头发。颧骨微凸，下颌线条流畅。鼻梁高挺且笔直，鼻翼收窄，形成挺拔的轮廓。双目为丹凤眼，外眼角上扬，瞳孔以墨线点染，似与神灵沟通。阔口薄唇，嘴唇细长，嘴角微抿，仅以朱红彩绘点染唇线。面部以白色蛤粉打底，白色代表灵魂的纯洁。面部强化了神秘、神性意境，多种手法呈现"丰颐"的审美。

二是服饰美艳。俑身髹黑漆为地，并用红、黄彩绘服饰，

服饰纹样主要为云纹。腋下系红色束带，束带以下左右两侧各佩挂一串玉佩饰。有学者认为，这种穿着云纹长袍服饰，佩戴礼仪性质的玉佩，应是参与引魂升天、镇墓祛邪仪式的巫觋俑。色彩朱红与玄黑的搭配，符合《九歌·云中君》神灵附身的巫师"华采衣兮若英"的描述，呼应了云中君"与日月兮齐光"的神圣光辉。此外，其修长身形与细腰宽袖服饰，呈现了楚人细腰的审美偏好。

三是神情迷狂。木俑迷离的眼神和肃穆的面部线条，契合楚地巫觋通神时的迷狂状态。此时，木俑或正在为墓主守灵魂或执行祭祀仪式。浓墨单线勾勒长眉与眼眶，眉梢飞挑如羽，眼尾延伸至鬓角，强化了"引魂升天"的动势。眉眼线条的飘逸感与楚地漆器、帛画中的云气纹相似，似表达木俑作为"引魂者"

浓墨单线勾勒长眉与眼眶，眉梢飞挑如羽

身形修长，细腰宽袖

近代　傅抱石《云中君和大司命》

穿梭于天地之间的功能。面部刻意弱化个体特征，使木俑成为泛灵化的仪式工具，而非具体人物的替身。

这件战国"彩绘立人木俑"经过2000多年的沉淀，呈现诸多价值。

一是历史价值。服饰、佩饰和姿态代表贵族身份与地位，是楚国社会制度与丧葬习俗的见证，反映了楚国的等级制度与权力结构。以俑代人殉的实践，暗含楚国对生命价值的初步觉醒。木俑制作工艺与中原地区"俑代人殉"的变革同步，佐证了战国时期社会从人殉向象征性陪葬的过渡，彰显人类的文明进步。战国中晚期，楚国在与秦国的对抗中逐渐衰落。这种对灵魂不灭的执着信仰，也从侧面反映了楚国在战国乱世中对命运掌控的焦虑。统治阶层想通过强化宗教仪式巩固权力，以应对现实的政治和军事危机。最终，楚国在挣扎和矛盾中走入历史。

二是科技价值。木俑的雕刻、彩绘技术为研究战国时期楚国手工业分工提供了直接证据，也填补了先秦木雕艺术史的实物空白。雕刻与彩绘是巧妙叠加的。先以浅浮雕技法刻出五官轮廓，利用木材纹理等施彩绘，增强立体感。面部涂刷生漆底层，既防止木材腐朽，又为彩绘提供光滑附着面。彩绘颜料采用矿物研磨（朱砂、石墨）与胶质混合，历经2000余年仍保有鲜艳色泽，体现了楚国彩绘工艺的高超水平。木材加工与防腐技术同步实施，选用耐腐的楠木，采用蒸煮、阴干等处理工艺，使木俑历经两千余年仍保存较好。

三是文化价值。木俑是楚巫文化的物

质载体，也是多元文化融合的缩影。木俑造型融合中原仪仗礼制与楚地夸张线条等浪漫主义元素，反映了楚文化的包容性。彩绘中黑、白、红的色彩搭配，既保留周文化的礼器配色传统，又强化楚地"赤为生命，黑为幽冥"的审美，这也开创了后世中国绘画"墨彩并重"的先河。木俑服饰、纹饰与功能的象征设计，既是对《楚辞》中云中君文学意象的实物注解，也是楚人宇宙观与生死观的物化表达。这种文化关联印证了楚文化"巫风浸染"的特质，也为理解先秦艺术与文学的互动提供了线索。

值得关注的是，这件彩绘木俑犹如微缩的历史画卷，呈现中华民族交流、交往、交融场景。人物面部刻画虽保持了楚地简练风格，但整体比例已接近中原写实倾向，反映了中原王朝礼制观念的传播。木俑足部造型厚重稳定，与江汉平原多水环境相适，也吸收了南方百越造物的智慧。生漆夹纻工艺中的颜料，如朱砂、石青等矿物原料或来自秦巴山区，或来自江南矿脉。立体圆雕技术承袭商周传统，而衣纹处理采用阴刻线描与彩绘结合的新手法，应是受到吴越地区玉石雕刻影响。腰带装饰的兽面纹样具有草原文化特征，体现了北方游牧民族与农耕文明的服饰文化交流频繁。

魂兮归来。木俑作为文化符号，承载着战国时期的集体意识编码。木俑的存在，是打开战国楚人精神世界的钥匙。

伽达默尔认为，理解始终是不同视域的融合过程。如今，木俑的沉默姿态，成为我们思考"谁是云中君"话题的起点。

27

彩绘漆俑：

2000 多年前的窈窕淑女

名　　称　**漆俑**

时　　期　**战国（公元前 475 年～前 221 年）**

出土地点　**湖北省荆门市沙洋黄歇（春申君）塌冢 M1**

现藏地点　**荆门市博物馆**

尺寸规格　**头高 8.1 厘米、肩宽 9.6 厘米、底径 8.5 厘米、**
　　　　　　通高 42.6 厘米

　　"关关雎鸠，在河之洲。窈窕淑女，君子好逑。"《关雎》讲述了君子与淑女，或君主与贤臣的故事。

《关雎》是中国古代诗歌总集《诗经》中的首篇，也是《诗经·国风·周南》中的第一首诗，历来受人们重视。学界多有解读，认为这是出现在周南的一首男子追求女子的情诗，呈现了青年男子在追求自己心上人时焦虑急迫的相思场景。

《毛诗序》认为：《关雎》至《麟趾》等篇的教化，是王者之风，所以都归于周公名下，叫《周南》。南，是说王者的教化从北土而流布于南方。《周南》是正其初始之大道，是王业风化之基本。所以《关雎》的意思是：乐意得到淑女以配君子，忧虑的是进举贤德而不是沉溺于美色；哀伤那窈窕幽娴之女未得升进，思得那贤才之人共事君子，而无伤害善道之心。这就是《关雎》之篇的要义。

然而，窈窕淑女是什么样子？2010年，湖北荆门沙洋楚墓黄歇塌冢出土的漆俑，或可给我们提供一个参考。

漆俑出土于"战国四公子"之一黄歇（春申君）的塌冢，是墓中头箱内唯一的漆俑。漆俑为女立俑，造型充满个性。

一是姿态优雅。俑头和俑身用圆木雕刻，头部可以四周旋转。俑身底部与双脚用横木雕成，与俑身黏合形成一件完整的漆俑。值得关注的是，漆俑的眼、耳、鼻、嘴雕刻精致，眉墨绘，已脱落，目用黑漆点睛、面、颈施红彩。通身髹黑漆，衣领、袖口、衣襟及下摆在黑漆底上用朱砂和黄彩描绘服饰。漆俑圆脸，斜肩，胸微隆，腹微鼓，细腰直身，两手于腹部插于袖中，双脚作站立状。整体看，形态逼真，姿态优雅，面部饱满，双目含情，俨然似周代的"窈窕淑女"。

二是美人风尚。漆俑头部前额之发高高梳起，发丝清晰可见，头发梳于脑后，用缡带绾或垂髻，缡带上用朱砂绘条状纹。身着交领右衽宽袖长袍，腰束宽带，脚尖露于长袍之外，脚呈圆角长方形。外衣分上衣下裳，直裾。上衣正身背后为左右两块，前面两块为左右衣襟，左襟较长，包身后正中，双袖为三块。下裳用朱砂绘七道条纹，为七缝八块，象征由八块布缝合，下至脚面。宽袖多皱褶，黑色。领缘和袖缘用朱砂绘间隔式条纹，在条纹上用黑

漆俑立姿

漆俑袖口

漆绘波折纹。襟缘和下摆缘在黑漆地上用朱砂绘二方连续菱形纹。内衣下摆至膝部，双袖口较小，衣领微露部分为黑色，

袖口和后襟外露部分为红色。内衣袖缘用黄彩描绘间隔式条纹,在条纹之间再绘波折纹。腰束红色宽带,带缘黑色,用黄彩绘二方连续波折纹。女立俑昂首挺胸,体态丰满,俨然是一位栩栩如生的贵妇人,但已不见"楚人好细腰"的特征。

三是与众不同。这件漆俑与同时期出土的木俑存在差异。其一,技术差异。整体分为三段构成,分别雕刻,然后以榫卯、黏合的方式组合起来,成为同时期出土木俑的另类。这件漆俑底座使用横木,更有利于漆俑站立的稳定性,也使漆俑更容易保持完整、美观,形成一件完整的漆俑。其二,手法的差异。楚人通常雕刻完成后全身髹漆,但用于俑相对较少。这件漆俑线条十分柔和,表情生动,衣物丝滑,彩绘典雅,如同有生命一般。其三,写实的差异。漆俑创作应有实体为参照的,约以真人的1/4大小制成。在雕刻时,对五官和头发等细节进行了重点关照。漆俑所穿的衣服是日常生活中常用的,这与以前出土同时期的其他木俑有明显的区别。其四,配件的差异。与漆俑一起出土的还有保存完整的麻鞋底,其编织十分精细,而且在鞋底外面还加织有衣扣式乳钉状结,说明我国纳鞋底的技术早在战国时期已经形成。

漆俑为我们带来"谁是2000多年前的窈窕淑女"的诸多想象。事实上,漆俑和《关雎》存在跨越时空的关联。一是关于周南之地,有学者认为是大致在今河南西南部及湖北西北部一带。荆门大致处于周南地区,是远离东周都城洛阳,

被认为"需教化"的荆蛮之地。二是这里为汉江中下游与长江之间,周代为云梦泽湿地,当时有河有洲、有琴瑟和青铜钟鼓、有荇菜有鸠,同时有城背溪文化、屈家岭文化、石家河文化等文化沉积,还有呈现汉江风情的《江汉》《常武》《四月》《汉广》《江有汜》《大东》《棫朴》《南有嘉鱼》等《诗经》作品。三是荆门东面有沮水河,周代时称为沮水。四是整个漆俑形象,与诗中"辗转反侧""琴瑟友之""钟鼓乐之"描绘的场景相近。

值得关注的是,漆俑和墓主黄歇的关联。

用俑陪葬是中国古代墓葬制度改革的一项重大进步,殷商时期普遍流行使用活人殉葬,到了春秋以后殉人现象逐步减少,战国时期基本绝迹。取而代之的是以俑代替活人,这是社会发展进步的表现。

墓中出土的竹简对这件漆俑有所记载,曰:"乃归亓甬(俑),甬(用)一葬(?)"这说明,漆俑是墓主的母亲去世时,别人作为丧礼送来的祭品,墓主死后再带入自己的墓中。这件漆俑的功能也应有别于一般丧葬用的木俑,或代表了墓主对母亲的哀思。

黄歇或读过《关雎》。正史中并无记述他的爱情故事。不过,《史记·春申君列传》有记载,李园之妹先被黄歇纳为妾并怀孕,后转献给楚考烈王,生下太子(即后来的楚幽王)。这一事件实为春申君与李园的权力博弈,最终导致黄歇被李园刺杀。后世常将其渲染为黄歇死于"美人计"。

"窈窕淑女"与黄歇墓漆俑有相似性,本质上是周楚文化中理想女性形象的延续与艺术化表达。前者通过诗歌构建道与美的典范,后者以器物凝固礼仪场景中的女性角色,共同折射出先秦贵族社会对女性德行与仪态的重视。尽管时空相隔,二者在文化内核上形成了跨越文本与实物的呼应。

历史未曾走远。《诗经》中的君子和淑女连同《楚辞》中屈原笔下的香草和美人,沉淀为中华文明标识符号,并以艺术化的方式凝练为时代记忆。

28

铜人擎灯：

"委屈巴巴"的守灵人

名　　称	**铜人擎灯**	
时　　期	**战国（约公元前 475 年～前 221 年）**	
出土地点	**湖北省枣阳市九连墩 1 号墓**	
现藏地点	**湖北省博物馆**	
尺寸规格	**通高 24.85 厘米、人高 12.3 厘米**	
	盘口径 11.2 厘米、座径 7.3 厘米	

　　铜人一手托鸟，一手擎灯，脸上似乎流露出一种"委屈"，眼神里写满了淡淡忧伤。这是为什么？

2002 年，湖北枣阳九连墩 1 号战国中晚期的楚国贵族墓出土了一件非同一般的文物——"铜人擎灯"。铜人一手托鸟，一手擎灯，脸上似乎流露出一种"委屈"，眼神里写满了淡淡忧伤。这是为什么？

这不是一件普通的灯。考古报告称这种造型别致的"人禽同灯"在全国文物发掘中首次发现。这件铜人擎灯由灯盘、曲柄、铜人组成。灯盘较浅，盘内有锥形灯扦。铜人长须束发，头戴巾帻；穿窄袖交领长袍，长袍下摆饰卷云纹；腰间系带，双手前抱于胸；一手执曲柄灯杆，一手托飞鸟。灯座以三只尖嘴铜凤鸟为足，表面饰龙纹。

铜人为何会出现在这里？他又是什么人呢？

根据目前对已发掘东周楚墓的研究以及先秦文献记载的周代礼制，墓葬主人的身份当为"上大夫"。再走近看看，这位用手擎灯的铜人，圆胖脸型，留着长胡须，发纹向脑后梳理，向前的状态好似现实生活中负重前行的奋斗者。实际上，铜人的工作就是在楚国贵族墓里守灵。

铜人为何手托飞鸟？战国秦汉之时，人们普遍相信死亡后，化身成羽人，灵魂不灭。而鸟能飞到天空，此灯塑一鸟，反映墓主企盼死后成仙的愿望。

这件文物表现了什么？当时的历史背景是什么？当时的楚国，贵族不思进取，国力式微，仅仅留有同秦国博弈天下的梦想。若是战士，这位好汉或许本应像楚国屈原《九歌·国殇》里讲得那样走上战场，"操吴戈兮被犀甲，车错毂兮短兵接"，如今却在九连墩"委屈"地托鸟擎灯 2300 多年。铜人的心境，或许是当时工匠创作时的心境。在此后秦国兵马俑里，也出现工匠按照自己心境创作的案例。

通过这件文物，我们继续来思考一个问题，中国的灯具起源于何时？夏、商、周时期并无灯具，目前发现较早的"灯"大约出现在春秋晚期至战国早期之间。而春秋晚期以来，富裕家庭夜间活动大大增加，并开始形成一日三餐的习惯。人们社会生活的巨大改变，夜间活

铜人长须束发，头戴巾帻

灯座以三只尖嘴铜凤鸟为足，表面饰龙纹

手托飞鸟

动的需求逐渐增加，传统的照明方式已不能满足人们的生活需要，因此"灯"也就应运而生了。战国中期以后，灯已成为贵族日常生活中常用的器物。灯具在满足了贵族们照明需求的同时，为了满足贵族们的审美需求，在装饰造型上变得愈发精巧细致，繁复多样，目前出土数件战国时期的灯具，其工艺之精美，造型之巧妙，令人叹为观止。战国后期，冶铁技术的迅速发展促进了坚韧锐利的铁制工具的诞生。这种铁制工具可以在铜器上划纹，使线条细如发丝。这种新的青铜装饰工艺，使人们减少烦冗的铸造纹样的工序，产生了简练的纹样装饰风格。如这件"铜人擎灯"的铜人，古代工匠不仅塑造出精准的人物形体比例，还将面上的胡须、向脑后梳的发纹、极具时代特色的巾帻帽饰、服饰下摆处修饰的卷云纹等细节逐一呈现。此时，动物造型和人物造型的豆形灯，在具备实用功能的前提下将庄严与飘逸的艺术特色表达得酣畅淋漓。由此，灯具以华美的姿态呈现在世人眼前。

再回看这件"铜人擎灯"的工艺，其造型优美，构造精巧，人物比例适宜，铸工精细，是楚国青铜铸造技术精湛的如实反映，人物发式佩戴和衣着，更是秦统一六国前楚人的真实风貌。不仅如此，它还具有拆洗方便、组装简单、牢固耐用等众多实用的优点，是古代匠师的创造才能以及当时科学技术水平的真实反映。由此，我们也再一次深深折服于古人那无穷无尽的造物智慧。

29

跪射俑：

赳赳老秦，与谁同袍？

名　　称　　**跪射俑**

时　　期　　**秦（公元前 221 年～前 206 年）**

出土地点　　**陕西省西安市临潼区秦始皇兵马俑二号坑**

现藏地点　　**陕西历史博物馆**

尺寸规格　　**高 111 厘米、重 80 千克**

赳赳老秦，与谁同袍？这件跪射俑呈现了 2000 多年前"与子同袍，共赴国难"的场景。这是赳赳老秦的"绝对理性"。

秦人是华夏族的一支，曾活动于今甘肃天水地区。周平王东迁后，秦人以陕西为根据地迅速发展壮大。春秋战国时代也是欧亚大陆的变革时代。秦国为争霸安邦，支持商鞅变法，重视"耕战立国"，实施兵制改革，增强军队战斗力。公元前221年，秦始皇结束了长达500余年的割据纷争局面。秦军南逾五岭一统南越和西瓯地区，北击匈奴拓地至阴山，建立起中国历史上第一个统一的中央集权制国家。此时的地中海沿岸，公元前272年罗马才统一意大利半岛，公元前146年征服希腊。

秦以兵马俑为代表的军事文物，呈现出磅礴的气势。这件跪射俑操作的兵器是弩，呈现了秦代中下级军吏俑的形象。弩是远射程兵器，具有射程远、命中率高和杀伤力强的特点。先进的弓弩和出色的射手在秦国一统天下的过程中发挥了重要作用。从跪射俑面部，能看到秦人的诸多信息。

一是尚武精神。秦人地处西陲，长期与戎狄交战，锻造了坚韧尚武的民族性格。跪射俑身穿战袍，外披铠甲，脚登方口齐头翘尖履，左腿蹲曲，右膝着地，上体微向左侧转，双手在身体右侧一上一下作握弩状，表现出一个持弩单兵规范的操练动作。他的面部线条方正硬朗，颧骨高突，下颌棱角如刀削，这种近乎"青铜器质感"的骨骼刻画，正是老秦雄壮威武的直观体现。他未戴头盔，仅以巾束发，双目炯炯有神地凝视前方，面庞冷峻，手持弓弩英气逼人，强化了"死不旋踵"的决绝形象，使人仿佛感受到"秦王扫六合，虎视何雄哉"的壮举。

二是雄性力量。跪射俑发髻偏向右侧梳起，符合秦人"尊右卑左"的习俗。这也体现了秦文化中的等级秩序，将士兵个体的面孔升华为国家意志的象征。部分跪射俑唇上刻八字胡，下颌蓄短须，胡须作为男人力量的符号，在秦文化中备受推崇，如秦律规定无故去须为罪。这种细节将男性勇武直接关联于为国效死的社会伦理。跪射俑面部如胡须形状、眉骨弧度、鼻梁高挺等五官细节虽然带有西北地区个人特点，但均被赋予模式化秦人特征，

面部线条方正硬朗，下颌棱角如刀削

脚登方口齐头翘尖履

使"千人千面"升华为军事武装力量的符号。跪射俑处于张弩欲射的瞬间，肌肉紧绷、神情高度专注，这种引而不发的状态，恰似誓不休战的雄性博弈时相持的场景。

三是团结协作。兵马俑的形态有车士俑、立射俑、跪射俑、武士俑、军吏俑等等。二号俑坑是以战车、骑兵、弩兵及车徒结合等四个小方阵组成的曲尺形军阵。跪射俑于二号坑弩兵方阵中的核心部位，立射俑位于阵表。协作需要默契，实战中一轮只有一箭，跪射俑需要和四周立射俑团结协作，交替射击以增强杀伤力。跪射俑双唇紧抿成线，嘴角下压，毫无笑意或松弛，展现出军人对情绪的控制。跪射俑作蹲跪姿，姿势重心稳，目标小，利于攻防。陶俑无具体姓名，个体的无名化则凸显了"国家至上"的集体逻辑。秦制以军功立国，士兵的生死荣辱皆系于战场。

四是危机意识。跪射俑眉眼深邃，双眼细长，眼角略微上扬，眉毛浓密且呈刀刻般线条，目光如炬，仿佛在专注瞄准目标，展现出临战时的冷静与警惕。这种高度专注的神态，与"共赴国难"中强调的集体使命感相呼应。《史记》载，"秦杂戎翟之俗，先暴戾，后仁义"。秦人身处西陲边缘的生存环境，塑造了"不战即亡""国亡即身灭"的危机本能。这种高度警觉与汉代陶俑偶尔出现的闲适神态不同，跪射俑的面部毫无松弛痕迹，从鼻翼到下巴的肌肉群均呈收缩状态，仿佛连呼吸都需遵循战斗节奏。跪射俑的面部如同一面镜子，映照出秦帝国在军事扩张与统治中潜藏的危机意识。这种意识既源于秦人长期处于战争状态的历史记忆，也暗含了帝国对内外威胁的高度警惕。事实上，秦统一后北筑长城防匈奴，南征百越，陶俑的眼神恰似对"四夷"威胁的监视，其背后有对"其兴也勃焉，其亡也忽焉"的历史宿命的无声诘问。

双手在身体右侧，一上一下作握弩状

秦俑之美，美在色彩，美在细微。研究表明，秦俑在2000多年前被埋入地下时，涂饰了彩绘，其中的中国紫最具有代表性，化学名称是硅酸铜钡，是将混合的天然矿物加热至1000摄氏度左右发生化学反应，从而制备而成。目前尚未在自然界发现中国紫这种颜料，这是秦人的发明创造。秦兵马俑是中国古代塑造艺术臻于成熟的标志，被誉为"世界第八大奇迹""人类古代精神文明的瑰宝"。

跪射俑的面孔呈现了"与子同袍，共赴国难"的场景，这是赳赳老秦的"绝对理性"，将秦人尚武性格、危机意识和团结意志延续至今。其涉及从"戎狄之战"到"天下争雄"的历史延续，从"同袍之情"到"国难共赴"的精神共鸣，还有从"诗性表达"到"意识形态凝聚"的文化演变，弥漫着温情与酷烈的军事张力，两者合力塑造了"老秦人"的经典形象。

总体上看，兵马俑陪葬坑反映了战国后期经过大规模战争洗礼后处于鼎盛状态的秦军形象。以兵马俑为代表的秦代文物，彰显出磅礴的气势和鲜明的军事特征，表现出秦人强烈的英勇团结意志和开拓进取精神，成为中华民族宝贵的精神财富。值得关注的是，跪射俑原有彩绘已斑驳，但残留的肤色晕染依然张扬着鲜活的生命力，呈现着"褪色的真实"与"不朽的精神"的美学对比。

弩机，秦，出土于西安市北关，现藏于陕西历史博物馆

30

文官俑：

大秦公务员的微笑

名　　称　　**文官俑**

时　　期　　**秦（公元前 221 年～前 206 年）**

出土地点　　**西安市临潼区秦始皇陵陪葬坑**

现藏地点　　**陕西历史博物馆**

尺寸规格　　**通高 189 厘米、肩宽 47 厘米**

　　他的面容端庄而微笑，眉头间透露出一份和善与谦逊，呈现了秦朝文官的形象和状态，展现了为政以德，以德化民的古代中国政治文化。

考编制，考公务员，是当下一些青年学子的选择，以至国家公务员考试报名人数居高不下。其中一个重要原因就是，进入体制能够直接实现青年人的家国情怀。在 2000 多年前的秦代，吃官饭也是一件很好的人生选择。你看这件秦代文官俑，脸上充满了微笑，流露出对自己职业的由衷愉悦与笃定自信。

这件文官俑在秦始皇陵园西南角的陪葬坑出土，通高 189 厘米。一同被发掘出土的文官俑共有八件，他们的服饰与造型不同于秦兵马俑，而是头戴长冠，身穿长襦，右侧腰带上悬挂着帖塑的削和砥石，身上带着重要的权杖或兵器。文官俑的左臂与躯干间均有一椭圆形孔，孔中没有发现遗物，推测原应插有简牍，应该为文职官员。他袖手而立，彰显"公务员"身份，一派文官的风度。

通过这件秦代文官俑，我们能了解哪些历史呢？相比之下，中国历史上皇帝陵墓的随葬品往往只与生前的享乐有关。而秦始皇将其创造的官府机构人员用陪葬坑的形式带入地下。他带走的是一套帝国体制、社会管理体系，留下的是一个王朝的背影。

秦朝建立后，秦王嬴政自称"始皇帝"，以彰显大一统皇权的权威。其后，皇帝之下的中央官僚体系也逐步完善，形成三公九卿制，分工执行中央政令。秦朝在全国境内推行郡县制。秦县更是达到了 1000 多个。秦汉建立的中央集权郡县制，其运行并非仅靠自上而下的行政推动，主要依靠中下层官吏的认同与执行。这一庞大的制度体系影响了此后 2000 多年的集权治理传统。

有专家认为，这件文官俑戴着长冠，爵位不低于八级，也就是在公乘以上，这个职位或可以享受国家赐予的土地及奴隶，在社会上受到普遍尊敬。秦朝之所以善待这些公职人员，目的就是要提高社会治理能力。

此外，文官俑的官服也和他的身份是契合的。陶俑火烧后是需要进行彩绘的。首先在陶俑身上涂一层黑褐色的生漆，然后在其不同部位涂彩色装饰。例如，面

头戴长冠，爵位不低于八级

侧脸神情栩栩如生

左臂与躯干间的椭圆形孔原应插有简牍，推测其为文职官员

部以粉色打底，衣领、衣袖用红色，裤子用粉红色、褐色，手和足饰粉白色，腰带饰褐色等等。经过彩绘的陶俑，神情各异，栩栩如生。然而，色彩因为氧化导致变色，现在消失剥落。

在秦代，想成为秦代公务员不是一件容易的事。郡县制下，天下是一家，秦代官员的选拔是不受地域和族群限制的，竞争范围很大，是全国性的。比如，早在秦统一六国之前，任将相的很多就是外来客卿。当然，秦代公务员也珍惜来之不易的岗位，他们承担了责任和使命。湖南里耶秦简充分展现了在洞庭郡迁陵县，秦代基层公务员勤勤恳恳组织老百姓做实事的细节，如开垦荒地、探明山川物产、开发国土、登记民户、绘制地图、上报到朝廷归档阅存等等。湖北睡虎地秦代墓地有一位基层的小吏，名字叫"喜"，就是喜庆的"喜"，其遗体周围放置着秦王朝的简牍史料，还有个《编年纪》，就是按年代顺序记下了秦国的国家大事与"喜"的个人事迹。就这样，一个普通基层小官吏用这样的方式把自身与国家的命运紧密相连。

再回头看看这件文官俑的面孔。他的面容端庄而微笑，眉头间透露出一份和善与谦逊，表达了对民众的尊重和关怀，呈现了秦代文官的形象和状态，展现了为政以德，以德化民的古代中国政治文化。在当代社会，文官俑的微笑仍然具有深刻的意义，它提醒着我们，公务人员应该以德为本，以仁爱之心服务人民，将民生福祉放在首位。只有官员具备了高尚的道德情操和为民服务的精神，才能够胜任治理国家和管理事务的重任。归根到底一句话：做官心中要装着老百姓。

31

西汉彩绘指挥俑：

西汉最牛军事指挥员

名　　称　**西汉彩绘指挥俑**

时　　期　**西汉（公元前 206 年 ~ 25 年）**

出土地点　**陕西省咸阳市杨家湾村**

现藏地点　**咸阳博物院**

尺寸规格　**高 56 厘米、宽 30 厘米**

优秀的指挥员是一个王朝的硬实力，也是软实力。西汉彩绘指挥俑不仅还原了西汉当时的武力储备，还展示着中华民族的"尚武"精神。

你知道谁是西汉最牛的军事指挥员吗?

"大风起兮云飞扬,威加海内兮归故乡。安得猛士兮守四方?"这是汉高祖刘邦在击破淮南王英布起兵反汉后,回长安途经故乡沛县时高唱的《大风歌》。最后一句"安得猛士兮守四方",张扬了刘邦维护天下统一的豪情壮志,也表明了刘邦的危机意识,即关注能否找得到捍卫四方的猛士。

西汉有没有这样的猛士呢?这件1965年8月出土于陕西咸阳市渭城区正阳乡杨家湾村的西汉彩绘指挥俑,为我们认识和了解镇守四方的猛士提供了一个样本。这件彩绘指挥俑高56厘米,宽30厘米,是村民们在平整土地时意外发现。考古人员在同一俑坑中清理发现,共有步兵俑1965件,骑兵俑583件,盾牌模型410件,号称"三千兵马俑"。其规模之宏大,工艺之精湛,引起了学界的广泛关注。在这批出土的兵马俑中,这件彩绘指挥俑显得很特别:一是其体形最高;二是其服饰华贵且制作精致;三是其彩绘保存最完好;四是其是一名对外交流的"文化使者",曾远赴十几个国家和地区展出,是闻名海内外的"国际大网红"。由此,这件彩绘指挥俑被人们赞誉为"西汉最牛指挥员"。

走近正面看,指挥俑彩绘色彩鲜艳。他头戴紫红色武冠,脸型方正,前额较宽,抿着嘴巴,头部高扬,双目沉静,仿佛正和前方官兵交流:"中华大地岂容尔等放肆,犯我大汉者虽远必诛!"

再看其右臂,抬起斜向上方,右手向上举起约45度,伸出大拇指和食指,摆成指挥姿态。其左臂衣袖挽起,左手像一把平面短剑,利索地向下斜伸,指甲清晰地呈现出来。服饰分为内衣、中衣、外衣三层,内着大红深色战袍,外着黑色鱼鳞长甲,长甲有护肩,身前垂至腹部,身后垂至臀部。他的腰带以下甲衣呈"U"形护腰,甲片呈鱼鳞状,且制作精细,腰系革带。脚蹬高腰绣花华靴,靴上绘有云气纹。指

彩绘指挥俑体型高大

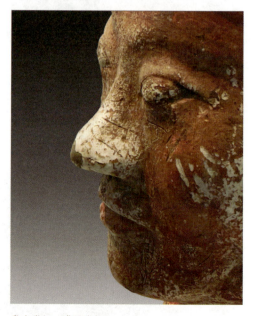

鼻尖微翘,嘴唇微抿

头戴紫红色武冠，脸型方正，双目沉静

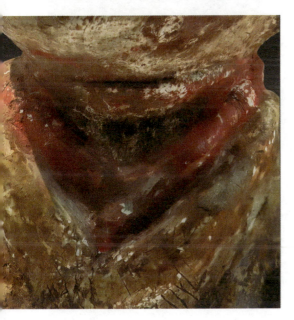

交领汉服

挥俑服饰华丽，形象生动，神态英气逼人，特别是手势和表情中散发出的自信、坚定和果敢，呈现了西汉指挥者刚毅、威严和霸气的气势。

指挥俑的服饰呈现了中华文明的多元与融合。可以看出，汉初处于楚服、胡服和秦服融合时期，且以楚服特点较为突出形成新风尚。士兵皆头戴皮冠，服饰有长甲和短甲两种，此外还有传承自秦代的下摆交叉短衣。

指挥俑是哪里人？

杨家湾兵俑基本上有三种面部形态。其一，颧骨高突、头部后面有发盘起，则是巴蜀人的象征；其二，脸型瘦削，则是陇西天水一带人的象征；其三，脸型方正，则是陕西中部人的象征，这类脸形方正的人俑，在步兵和骑兵中出现的数量最多。以上这三种面部特征与史料中记载西汉时期士兵的来源基本对应。《西汉会要·兵一》中记载，"武帝征和元年，发三辅骑士，大搜上林。"西汉初期的征战以北军为主，此种俑就是北军的主要兵源，来自"三辅"右扶风、左冯诩、京兆尹的关中人兵俑。比对面部特征，可以猜测这位指挥员或是关中人。这也透出一些信息：一是西汉吸收了不同地域族群的人加入中央军队，二是西汉依据士兵的不同体质分配其不同军队职能，三是西汉中央军队由多个地区多个民族的士兵组成。

指挥俑的官职有多大？

杨家湾西汉兵俑一定程度上反映了西汉军队的组织结构。汉代军队拥有材官（步兵）、骑士（骑兵）、楼船（水兵）、轻车（车兵）等兵种。杨家湾西汉兵俑是西汉步兵、骑兵组合军队的缩影。骑兵俑分为小骑马俑和大骑马俑两种：大骑马俑负责长途奔袭、正面冲击；小骑马俑背负箭囊、负责迂回穿插。步兵俑包括执旗俑、簿书俑、合抱持物俑、指挥俑、持械俑等，代表着汉代军队中仪仗、书记、指挥等不同职能。汉代兵制大致分伍长（5人）、什长（10人）、队率（50人）、屯长（100人）、军侯（200人）、军司马（400人）、将军（2000人），他们对应的从小到大层级有伍、什、队、屯、曲、部、营，其中什长有两伍、队率有五什、屯长有两队、军侯有两屯、军司马有两曲、将军有五部。杨家湾西汉兵俑根据方阵士兵数量不同，各方阵前均有领队俑。这些领队俑应象征着领50人左右的队率、领200人左右的军侯、领400人左右的军司马。可以推测，他应该是统领2000人以上的指挥员，在汉代属于将军级指挥官，在现在官职相当于将军。

指挥俑可能是谁？

"三千兵马俑"是汉代贵族埋葬仪制中的一个组成部分，他们可能是帝王或在帝王陵区中陪葬的高级武职人员所特具的葬仪之一。从考古发掘情况

右手大拇指和食指摆成指挥姿态

陪葬俑

左手向下斜伸，指甲清晰可见

脚蹬高腰云气纹华靴

来看，杨家湾汉墓的规模和建制属于西汉初期。主墓位于汉高祖刘邦长陵以东约4千米处，西汉前期的帝陵东部为大臣贵戚陪葬区，杨家湾汉墓应是刘邦长陵的陪葬墓之一。此处在古代又称"周氏坡"，为周氏家族的墓地。《水经注·渭水》记载："故渠（成国渠）又东迳长陵南……又东迳汉丞相周勃冢南，冢北有亚夫冢。"学者刘庆柱、李毓芳认为，根据成国渠流经周勃父子冢南的记载，结合其地望，杨家湾汉墓很可能是《水经注》中记载的周勃或周亚夫墓。据《汉书》记载，周勃卒于西汉文帝前元十一年（公元前169年），他被赐身着玉衣下葬。周亚夫因谋反罪名饿死狱中，其

后被中断了爵位，不可能有大规模的兵马俑群陪葬。因此，可以推测杨家湾汉墓更可能是周勃墓，这表明指挥俑可能代表的是西汉开国功臣周勃这类人物。周勃是西汉初年的著名军事家和政治家，他曾跟随刘邦参与了灭秦、征项羽、平定内乱、防御匈奴等重大军事行动，屡建战功。汉高祖刘邦死前预言："安刘氏天下者，必勃也。"

回望历史，优秀的指挥员是一个王朝的硬实力，也是软实力。西汉彩绘指挥俑不仅还原了西汉当时的武力储备，还展示着中华民族的"尚武"精神。恺撒、苏拉、奥古斯都成就了罗马帝国，蒙恬、卫青、霍去病成就了秦汉王朝。正是在秦汉时期，中华大地上不同区域、不同族源、不同风俗文化的多个族群的人们融为一体，"自在的"中华民族逐渐形成。而这一过程，总有一个又一个军事指挥员担当在前，他们是推动中华民族历史发展的英雄。

32

击鼓说唱俑：

一位东汉"rapper"

名　　称	**击鼓说唱俑**
时　　期	**东汉（25 年 ~ 220 年）**
出土地点	**四川省成都市天回山东汉崖墓**
现藏地点	**中国国家博物馆**
尺寸规格	**高 56 厘米**

　　"击鼓说唱俑"虽然是一名地位低微的俳优，但他始终露出灿烂的笑容。他不是为生活表演，而是为生活欢唱。他所体现出来的那种乐观豁达的人生态度，震撼着我们每一个现代人。

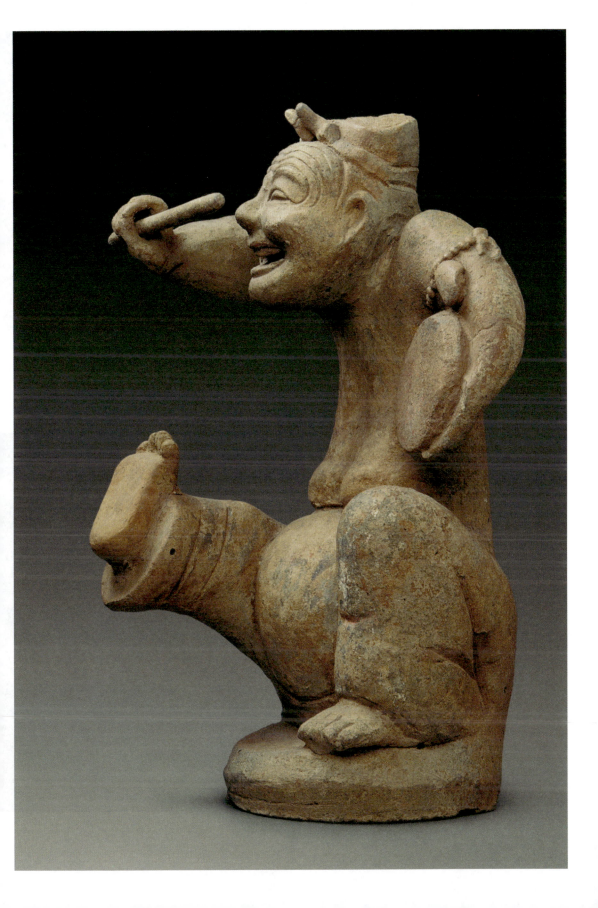

当代说唱人，大家一般俗称"rapper"。现在很多人为了放松，喜欢看一些幽默搞笑的喜剧节目。其实不光现代人喜欢看，古代人也喜欢看，你信吗？甚至早在东汉时期，就有了喜剧演员。

这件汉代击鼓说唱俑，高56厘米，1957年在四川省成都市天回山东汉崖墓出土，目前藏于中国国家博物馆。它呈现的就是离现在大约1800多年、东汉时期的一位说唱演员——"俳（pái）优"的形象。（俳优，就是指古代以乐舞幽默戏为主业的艺人。）

根据考古专家的推断，这件说唱俑是用灰陶烧制的，原来的彩绘已经脱落，残存着白粉和褐色土的痕迹。陶俑裸露着上身，其身体圆胖，高高隆起的肚皮夸张有趣。他坐于圆形台座之上，头上戴了一顶带有长巾的小帽子，在前额上系了一个花结。他的下肢穿着肥大的长裤。两臂戴有璎珞珠作装饰。

陶俑左臂环抱圆形扁鼓，右手举槌准备敲击，表演到兴奋处左脚点地，右脚高高抬起，手舞足蹈，肥厚的嘴唇喜笑颜开。我们仿佛听到叮咚、叮咚的鼓点，还有他讲故事时沙哑的嗓音和浓浓的四川口音。

左臂环抱圆形扁鼓

从脸部看，他脸呈方形，颧骨突出，鼻子扁平，和3000年前的三星堆人有着传承关系。再放大看，眼角有很多皱纹，眼睛与嘴巴充满张力，双肩高耸，特别是鼻梁上部有一颗秦汉人像少见的痣，样子非常可爱。他丰富的面部表情，不是当权者高傲的狂笑，也不是卑微者的媚笑，而是张扬着的欢快。那一刻，他陶醉在艺术世界里，周围人的情绪跟随他表演的节奏起伏，他是这个舞台真正的王者。此时，与他对视，你也会被他真诚的笑容打动。

透过这个说唱俑，我们能读出很多珍贵的历史信息。

第一，说唱艺术在汉代已经职业化。俳优早在春秋战国时期就已经出现，汉代社会稳定发展，不再以传统高雅歌舞为主导，俳优表演贴近现实生活，乡音俚曲，"说

张扬着的欢快的笑

右手举槌准备敲击

学逗唱"，深受老百姓喜爱。这种表演，类似于现在的单口相声兼说唱形式。

第二，陶俑是在山崖贵族墓中出现的，说明汉代的精英阶层对幽默滑稽文化非常认可。《汉书·霍光传》中就有记载："击鼓歌唱作俳优。"正是由于精英阶层的认可，所以滑稽幽默文化得到广泛传播，让中华优秀传统文化多出了幽默元素。

第三，说唱俑反映了汉代高超的陶俑制造工艺。秦汉以人物为原型的陶俑众多，秦俑讲究写实，汉俑追求写意。秦俑以群体显出巨大力量，汉俑通过个体就能呈现气势。仔细观察，这件陶俑的背后有一些人为的划痕，这说明制陶工人采用了少有的手工制法，可能为随性之作。

第四，说唱俑的出土和发掘，成为研究我国话本小说萌芽的重要资料。《史记·滑稽列传》有"优孟衣冠"记载，说的是春秋时楚国艺人优孟，滑稽善辩，在一次为楚庄王的表演中，用衣冠和走路形态模仿死去的孙叔敖，引起楚庄王的回忆。因此，说唱艺术为后来小说的创作、普及、推广积累了大量文学素材。

第五，说唱俑以市井人物和社会生活为焦点，反映了底层生活的情趣，呈现民俗风情。我们从中依稀可以看到"文景之治""汉武盛世""光武中兴"等人民安居乐业的治世局面。

中国说唱艺术历经千年的发展，在今天演变出了多种多样的表演形式，如相声、双簧、快板儿、口技等。在一定意义上讲，"击鼓说唱俑"可以算中国说唱艺术的鼻祖了。虽然是一名地位低微的俳优，但他始终露出灿烂的笑容。他不是为生活表演，而是为生活欢唱。他所体现出来的那种乐观豁达的人生态度，震撼着我们每一个现代人。其实，这份乐观、自信与从容，早已融入中国人的精神世界，并成为中国人一直传承的优秀文化传统。

33

陶抚琴俑：

高山流水觅知音

名　　称	**陶抚琴俑**
时　　期	**东汉（25 年～ 220 年）**
出土地点	**四川省宜宾市翠屏区山谷祠崖墓**
现藏地点	**宜宾市博物院**
尺寸规格	**高 21 厘米、宽 26 厘米**

　　长江是一条文化的河，流淌着古老的《高山流水》。回望翠屏山东汉山崖墓出土的陶抚琴俑，可以感受中国文化犹如这条波澜壮阔的长江水，气势磅礴，一泻千里。

知音在哪里？

说到知音，大家就会联想到《列子·汤问》里"俞伯牙抚琴遇知音"的故事。传说俞伯牙（一作钟伯牙）是春秋时期著名的琴师，钟子期则是他的知音，两人相遇于湖北汉阳的汉江口。伯牙抚琴志在高山，子期称赞道："善哉！峨峨兮若泰山。"伯牙抚琴志在流水，子期又欢呼："善哉！洋洋兮若江河。"伯牙听后感慨地说："相识满天下，知音能几人？"于是二人结为知交。伯牙弹琴时，钟子期能准确理解琴声中高山流水的意境。后人根据这个故事创作的古琴曲《高山流水》，通过音乐描绘了高山的雄伟和流水的灵动，表达了对知音的怀念之情，成为中国古典音乐中的经典。

1980 年 5 月，四川省宜宾市翠屏区山谷祠崖墓出土了陶抚琴俑。海拔 500 米的翠屏山位于四川盆地南缘，位于长江与岷江交汇处的南岸，山色苍翠、形如屏风。在这里，能看到山与水相遇、长江与岷江相遇、人与自然相遇，也能感受到俞伯牙和钟子期的相遇。这里，依稀让人联想到琴师俞伯牙演奏《高山流水》的意境。崖墓出土的抚琴俑是汉代乐舞俑的一种，常见人物腿上置一古琴，双手作抚琴状。再看这件抚琴俑，陶制，高 21厘米，宽 26 厘米。他踞坐于地，头戴花冠，交领右衽，长袖宽袍。此时，他将琴斜置于腿上，清秀的面上眯着眼睛，略带微笑，自信满满，双手操琴，似乎琴弦里流淌的是《高山流水》这美妙的乐曲。

崖墓主人是何人？

从"五铢"钱和出土的陶俑看，均与成都天回山崖墓的三号墓相似，年代可能为东汉晚期。从随葬器物来看，墓内出土的陶器中，有抚琴俑、听琴俑、持铲俑、摇钱树座、陶楼等，墓室结构也比较复杂，墓主有较高的身份。

为何抚琴俑会出现在汉代的宜宾地区？

这与儒家文化在西南地区的传播密切相关。秦汉至三国时期是宜宾古代文化发生巨变的时代。此间，经过秦汉至三国 400 多年的民族融合、秦汉政府和蜀汉政权

头戴花冠，面露微笑

交领右衽，长袖宽袍

抚琴者的手

的推行倡导，儒家思想已成为上层建筑文化领域的主导思想，儒家思想倡导的伦理道德已成为社会的主流意识和人们的行为准则。由此，在文化领域的各个方面都发生了转折性的变化，逐渐使宜宾由昔日的"蛮夷之地"转变为礼仪之邦、"士大夫之郡"。

音乐背后是国家的硬实力。大一统的汉朝，无论是政治、军事上的文治武功，还是经济、文化方面的欣欣向荣，均呈现出一派繁荣的景象。所谓"俑则偶人，象类生人"（《论衡·薄葬》），以俑陪葬乃墓主生前地位之象征，同时也是其生活风尚之反映。受"事死如事生"的观念影响，汉代墓葬中开始随葬陶俑，以求墓主死后仍能享受如生前一样的安逸生活，乐舞俑便是众多随葬陶俑中的一个类型。东汉豪族地主的经济基础是庄园经济，俑群的增加是庄园经济发展的结果。东汉时期蜀地庄园繁荣，陶俑组合表现了地主庄园生活。

琴是中国传统乐器，在汉代具有重要的文化地位，并形成了一整套的演奏礼制。抚琴俑表现的是文人或贵族的形象。四川发现的抚琴俑数量较多，表明汉代蜀地流行这种演奏方式。西汉中期，蜀地在政治上纳入汉帝国的郡县体系，在文化上逐渐接受中原儒家文化，设立郡县，直接归中央政权管辖。《汉书·循吏传》记载，蜀守文翁对蜀地采取了一系列教化措施，"繇是大化，蜀地学于京师者比齐鲁焉……至今巴蜀好文雅，文翁之化也。"这表明，到了西汉中期，蜀地在文化上已接受汉文化。《汉书·地理志》曰："巴、蜀、广汉本南夷，秦并以为郡。"这表明巴蜀地区在政治上已被纳入中原王朝的管理体系。

知音，是文化和价值观的相遇。四川陶俑的来源是多样的。战国时期，蜀楚关系密切，蜀地流行楚系木俑。秦汉时期，关中地区对四川陶俑有影响。秦盛行陶俑随葬，秦始皇陵兵马俑乃系此时杰出代表。秦俑的风格、工艺为汉俑所继承，直至东汉，四川陶俑依然有秦俑的影子。西汉中期，关中地区成为陶俑的传播中心，四川陶俑多模仿关中风格。西汉晚期，部分陶俑形态模仿楚地、蜀地早期木俑，关中地区影响减弱。至东汉，楚系木俑的风格在蜀地继续发展，许多俑类造型或创意受到了楚文化的影响。四川和徐州地区汉时出土的陶俑是同源的。徐州地区出土的陶俑与四川陶俑在风格上有一定的相似性，反映了两地文化的交流，如北洞山出土的女拱手立俑、龟山二号墓出土的女立俑。不过，四川地区对外来文化因素并不盲目接受，而是结合四川文化习俗，在传承本地丧葬传统的背景下于东汉中晚期形成具有四川区域特色的俑群。

寻找知音的过程，其实就是中华民族的交流、交往、交融的过程。总体看，古代巴渝地区频频出土中原文化色彩的抚琴俑，可视为正在接受中原文化的巴蜀人士为自己打上某种文化标记，是华夏边缘漂移到巴蜀以后，外迁中原人族群被强化的中原记忆的表现。

有了共同价值，俞伯牙和钟子期总会相遇。如今，登上宜宾翠屏山，周围满眼翠绿，山下长江水缓缓流过。静一静，似乎可以听到山谷祠里传来《高山流水》的古琴曲：高山雄伟，流水灵动，流畅的旋律先是沉稳，后是轻快，留在心底的是澎湃。

长江是一条文化的河，流淌着古老的《高山流水》。回望翠屏山东汉山崖墓出土的陶抚琴俑，可以感受中国文化犹如这条波澜壮阔的长江水，气势磅礴，一泻千里。再沿着长江水溯流历史深处，便会触碰到它那"纳细川于巨流"的气魄，而这正是中国文化气象万千，始终保持喧腾活力的机理所在。

跽坐于地，双手操琴

34

西藏木俑:

走近千年前的阿里人

名　　称	**木俑**
时　　期	**约公元前 366 年~ 668 年**
出土地点	**西藏阿里地区札达县桑达隆果墓地**
现藏地点	**西藏阿里地区札达县文物局**
尺寸规格	**高 59 厘米、厚 3.4 ~ 4 厘米**

　　岁月进入千年前,西藏阿里人是什么样子? 他们生活情况如何? 出土于阿里札达县桑达隆果墓地的这件木俑,为我们提供了参考。

西藏阿里高原是祖国疆域中一个独特的组成部分。这里平均海拔超过4500米，是"世界屋脊的屋脊"。考古发现表明，早在距今一到五万年前就有人类踏上了开拓阿里的漫漫征程。

桑达隆果即藏语"桑达沟口"之意。该墓地位于札达县城北面的象泉河北岸一级台地上。编号 EM26 为土洞墓室，有双墓道。其中的1号木棺内有12具遗骨，包括三具成年男性、三具成年女性，均为蜷缩屈肢葬，其中有一具婴幼儿个体用草编容器作为葬具。

桑达隆果墓地的木俑是西藏首次发现，亦是青藏高原地区的首次发现。编号 EM26 中出土五件木俑，形态各异，其中编号 EM26：147 的木俑特点突出。

一是简练但不简陋。这件木俑是五件中体量最大的一件，呈现了拙朴的雕刻手法，线条简练、夸张、生动。其身体平直，头束高髻，眼睛较大，颧骨突出，直眉高鼻。左耳缺失，右耳垂穿一孔。下颌方正，圆肩短颈。不过，从脸型看，其与我国北部和西北部的民族（包括汉族和其他少数民族）很接近，属于蒙古人种的东亚类型。学者格勒认为，其体质特征"不是印度的印利安人种类型"。

二是彩绘装饰。原本周身施彩，现仅面部彩绘尚存。脸部外廓和前额、鼻梁两侧均涂成金黄色。前额正中至下颌处涂红彩。左眼眶残存红彩，眼珠点黑。颧骨涂金、黑色。两颊用红、黑彩间隔装饰。木俑看似面部简陋，实际还有两片分开的金面饰与其关联。墓地考古发掘领队何伟认为，木俑和彩绘金面饰出土位置是临近的，且俑脸部还残存金箔片，说明彩绘金面饰是可以敷于这个木俑的脸部的。从效果上看，木俑采用涂粉、彩绘工艺，着意营造肃穆的表情，增强神性象征，用来镇墓压胜、避凶祛邪，体现了宗教符号融合的特点。

三是暗示墓主身份较高。在随葬品最多的 EM26 中，与木俑一起出土的遗物包括陶器、铁器、铜器、草编器、木器、石器、贝饰，以及琉璃珠、金面饰等。其中，木俑所在的1号棺西侧有陶器、木单耳杯和木俑的手、足、

编号 EM26：147 的木俑

关节等，南侧有陶器，北侧有陶器、铜剑格、镜、金面饰、琉璃珠，棺内9号遗骨的颈部有一件合金串饰。一方面，墓室出土的器物同时有明器和实用器，另一方面，墓室出土的器物包括贵重的合金串饰、金面饰、琉璃珠等，这实际暗示墓主较高的地位。

四是呈现与外界的交流。木俑右腿前迈、左腿后倾，姿势呈向前行走状态。其张开的嘴巴和双目呈对话交流状。木俑本身在材料选择、形态特征、雕刻与彩绘工艺等方面，与新疆吐鲁番墓葬中的木俑以及陕西永泰公主墓出土的唐代木俑等存在着联系。此外，与木俑一起出土的带柄铜镜，形制特征亦与新疆伊犁一带墓地出土的铜镜类似。还有出土的六件金、银面饰，其形制与临近的曲踏墓地、故如甲木墓地，以及印度马拉里墓地、尼泊尔桑宗墓地出土的金、银面饰形制相同或相近。

颧骨突出，直眉高鼻

经碳-14检测得知，桑达隆果墓地的使用年代为公元前366年～668年，时间长达1000多年，大致可分为三期。第一期约为公元前200年之前，出现明显的贫富分化，是复杂社会的初兴时期。第二期约为公元前200年～600年，这一时期在富有阶层里出现了一小部分身份地位特殊的人群，掌握着除财富以外更多的权力，可能是政治实体形成初期。第三期约为600年以后，在遗迹、遗物数量、种类上都有明显减少，初步推测是洪水泛滥造成了人群的大规模迁移。

桑达隆果墓地从早期金属时代一直沿用至吐蕃王朝建立初期，为研究当时的社会结构、生产模式以及与喜马拉雅山脉南麓、新疆等地区的交流提供了重要资料。桑达隆果墓地的相关材料表明，远在西藏的早期金属时代，便有了一定规模的跨地域商贸和文化交流。那时，从西藏西部到新疆乃至中原地区，已形成较为成型的往来通道，且西藏西部地区已经成为亚洲东部交通网络的重要组成部分，与南北丝绸之路等重要交通路线相互连接。通过这一交通路网，不同人群互相往来交流与融合，也形成了这一区域独特的丧葬形制与考古学文化。如在高等级墓葬中使用黄金面具和丝绸的葬俗、葬具中的箱式木棺，随葬的植物种子、具有明显中原特色的墓葬木俑等现象，均表明生活在象泉河上游区域的古代人群，借助南北丝绸之路将新疆、中原地区以及中亚、南亚的各种文化与物品传播至此，推动了阿里高原各民族的交往、交流与交融。

木俑的背后，呈现的是中华民族先人们顽强的生存意志。青藏高原是"地球第三极"，而阿里地区的生存环境则更为恶劣。目前青藏高原西部古DNA研究涉及格布赛鲁墓地、桑达隆果墓地等遗址，时间跨越距今约3500至300年。研究认为，阿里地区古人群保持始终稳定的主体遗传特征与考古学文化，同时与高原内外部古人群之间也存在复杂而频繁的互动。这是人类文明的奇迹。

就这样，发源于神山冈仁波齐脚下的象泉河成为一条文化的河，穿过喜马拉雅山脉，为印度河注入理性和激情。象泉河流域，形成了曲踏墓地、桑达隆果墓地等多个文化遗址，孕育了象雄文化、古格文明。

事实上，古老的藏族文化不是从天上掉下来的。早自新石器时代藏族的原始文化开始，藏族文化在起源形成过程中就与中华民族其他地区的古老文化相交、相融、相亲，与同时吸收和融合了中华大地北方草原地区的原始游牧民族系统的文化、中原地区的原始仰韶文化和氐羌系统的文化，结成了无法分割的血脉联系。从整体来看，藏族的古代文化毫无疑问是中华民族古老文明不可缺少的重要组成部分。

现在，随阿里木俑站在象泉河边眺望，南望是孕育了哈拉帕文明的古老印度河，有释迦牟尼；东望是长江、黄河，有孔子、老子、屈原；西望是地中海，有苏格拉底、柏拉图、亚里士多德。这里一直是文化的风口，同时也一直传承着自己的文化主体性。

第三章

四海一家

35

张骞:

世界史开幕第一人

名　　称	**张骞出使西域图**
文物时期	**唐（618 年～ 907 年）**
现藏地点	**敦煌莫高窟第 323 窟**
尺寸规格	**高约 100 厘米、宽约 200 厘米**

　　回望敦煌莫高窟第 323 窟壁画上张骞出使西域的身影，依稀能够看见汉朝成为当时世界的文明高地、秦汉雄风背后的龙脊。

谁是世界史开幕第一人？梁启超曾这样评价他："坚忍磊落奇男子，世界史开幕第一人。"梁启超眼中称得上"世界史开幕第一人"的是西汉的张骞。

张骞（公元前164年～前114年），丝绸之路的开拓者。汉武帝以军功封其为博望侯。史学家司马迁称赞张骞出使西域为"凿空"。张骞"开通大道"，连接了长安和西域，沟通了人类东西两大文明，也穿越了历史和未来。

敦煌莫高窟第323窟北壁上部西侧的初唐壁画《张骞出使西域图》，留下了张骞出使西域临行辞别时的一个历史瞬间，还原了一个开拓者的伟大历程，呈现了人类文明进程的探索之旅。

第323窟（张大千曾编号为第128窟）是中型洞窟。洞窟北壁上部西侧画面中有榜题："前汉中宗既获金人莫知名号，乃使博望侯张骞往西域大夏国问名号时。"

榜题右侧华盖下乘马帝王，当为"中宗"，后随臣属。榜题左侧画张骞执笏跪拜辞别，后有从者持节牵马。左上画张骞一行西行远去，远处一城廓，二比丘立城门外，城内有佛塔，榜题为："□大夏时"，意在表现张骞一行西行至大夏国礼佛塔的情景。获金人一事在史籍上有记载，但祭天金人未见得是佛。实际上，张骞出使西域与金人并无关联，时间上也大有出入，但可以见得张骞出使西域在供奉人中的巨大影响力。

公元前138年，张骞率领100余人辞别长安城，踏上荆棘密布的西行探险之路。"西域"一词最早见于《汉书·西域传》。西汉时期，狭义的西域是指玉门关、阳关（今甘肃敦煌西）以西，葱岭以东，昆仑山以北，巴尔喀什湖以南，即汉代西域都护府的辖地。广义的西域还包括葱岭以西的中亚细亚、罗马帝国等地，包括今阿富汗、伊朗、乌兹别克，至地中海沿岸一带。

可贵的是，《张骞出使西域图》是历史上关于张骞出使西域的最早一幅绘画，也是把张骞出使西域附会为佛教传入汉地的最早事件。绘画艺术再现了张骞出使西域开通丝绸之路的情景。画面中，张骞面对西汉帝王的嘱托，

张骞执笏跪拜辞别，从者持节牵马

增修汉博望侯张公骞墓道碑

榜文

张骞墓

手拿笏板，以庄严的跪拜礼告别家乡父老乡亲。他的面部表情呈现了他的使命感与责任感。其一，眼睛坚定有神，目光直视前方，象征他对使命的专注与决心。这种眼神也传递出他面对困难时的坚毅和不屈。其二，线条勾勒的双唇紧闭，面部沉稳庄重，显示出他作为使者的严肃态度。此外，他的网格纹官帽和棕色宽大官服，衬托了肩负国家重任的庄严。由于壁画年代久远，面部细节有些模糊或受损，但整体上张骞的表情传达出对履行国家使命的忠诚与担当。

再看张骞的团队。张骞后面是持节牵马的从者，一行人牵有马三匹，按由远到近的构图方式有序陈列。外边的一匹为深棕色，马首以白色晕染，脖颈挺立，高于侍从。中间一匹颜色青灰，背部依稀可见黑色斑点花纹，看上去像是于阗花马种属。靠里的一匹鬃毛稠密，头部微偏，白色晕染身躯。整体看，构图呈现了张骞告别绿水青山走向大漠戈壁场景，也彰显了出使西域的艰辛。

为何会是张骞出使西域？一方水土养一方人。张骞的故里在陕西省汉中市城固县城南的博望村。博望村在汉江北岸，顺着汉江东下，就是长江。从长江过灵渠，就进入珠江。过了长江口和珠江口，前面就是海上丝绸之路节点。从博望村南下，过巴蜀、云南，接着过密支那、巴特那，走过恒河、印度河，就进入中亚。《史记·大宛列传》中记载，"臣在大夏时，见邛竹杖、蜀布。问曰：'安得此？'大夏国人曰：'吾贾人往市之身毒'"，说的是张骞在大夏（今阿富汗一带）时，曾见到来自蜀地的邛竹杖和蜀布，当地人告诉他这些货物是从身毒（古印度）转运而来。这间接证明，早在张骞出使之前，巴蜀地区与印度之间存在一条古老的贸易路线。

博望村地处秦岭南坡。三千里大秦岭，五千年华夏史。秦岭和合南北、泽被天下，是中华民族的祖脉。西周开始，我国历史进入长达2000多年的以"长安—洛阳"为中心的大秦岭时代。秦岭古道西行，过了河西走廊，就进入新疆和中亚。新疆通天洞遗址发现五千年多前东方的黍与西方的麦在这里相遇，说明新疆在五千年前就是东西方文化交流的一个通道。西汉作为当时世界上最文明、最富强的国家，开启丝绸之路是历史大势。更重要的是，在历史风口，张骞主动站了出来。

张骞出使西域带来什么？从历史的视角看，西汉时期的长安作为丝绸之路的起点，成为东西方商业交流的核心地带，呈现全球化的早期形态。大量西域商品如毛皮、良马、葡萄、黄瓜流入汉朝，而丝绸、茶叶、玉器、漆器等中原商品也进入西域。张骞第二次出使西域归来之后的55年，西汉政府在西域设立都护府，这标志着西域开始成为中国版图的一个组成部分。历史上这一区域发生过多次民族大迁徙、大融合，其间各民族的交往、交流、交融对中华民族多元一体格局的形成有着至关重要的作用。从今天的视角看，从张骞"凿空"西域到当代"一带一路"的互联互通，丝绸之路绵延到了新时代。2014年，中国与哈萨克斯坦、吉尔吉斯斯坦联合申报的"丝绸之路：长安－天山廊道的路网"成功入选世界文化遗产。丝绸之路不仅是商贸往来的通道，更是文明互鉴、命运与共的纽带。从未来的视角看，气候变化、经济危机等，都需要国际合作解决，而丝绸之路的历史经验提供了合作共赢的智慧，将推动构建人类命运共同体，实现平等有序的世界多极化、普惠包容的经济全球化。

回望敦煌莫高窟第323窟壁画上张骞出使西域的身影，依稀能够看见汉朝成为当时世界的文明高地、秦汉雄风背后的龙脊。历史学家翦伯赞认为，张骞使中国种族第一次知道中原以外还有广大的西方世界，从而开辟中国史上政治和经济之新时代。美国学者雷斯顿·詹姆斯在《地理学思想史》中也表达了这种观点，认为张骞是中国伟大的地理学家，是东亚第一个发现地中海文明的人。

张骞成了英雄张骞，赞扬张骞最好的形容词就是张骞。

汉武帝送别张骞

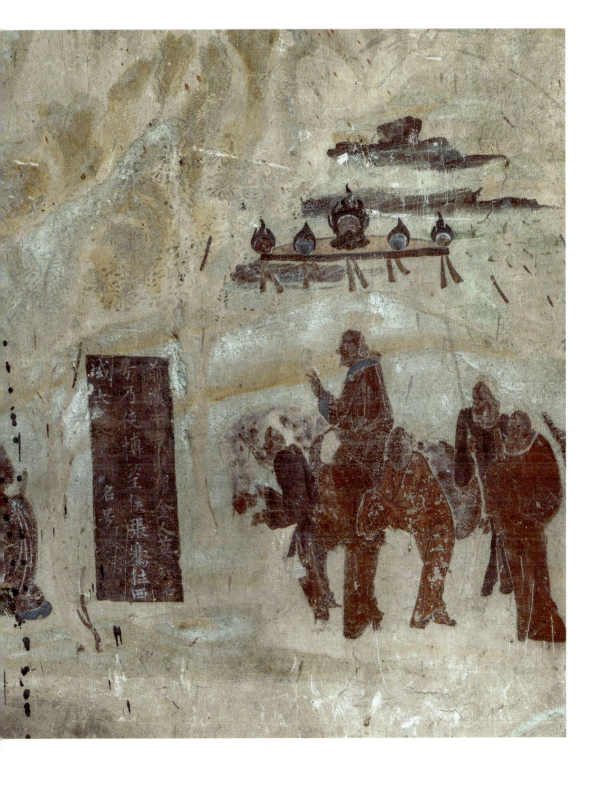

36

霍去病：

"马踏匈奴"为何故

名　　称	**清人历代名臣像册·霍去病**
文物时期	**清（1616年～1911年）**
来　　源	**故宫博物院调拨**
现藏地点	**中国国家博物馆**
尺寸规格	**高 39.6 厘米、宽 34.4 厘米**

　　最接近霍去病真实面孔的文物究竟藏在哪里？2000多年过去了，这一话题一直被人们持续关注，这幅画或许能告诉我们一些答案。

若有人提起《汉书》中"匈奴不灭，无以家为也"，你可能会想起"马踏匈奴"的西汉骠骑将军霍去病（公元前140年~前117年）。

这位骠骑将军的全部年华不足24年，他为何要去马踏匈奴？先看他究竟"骠骑"到什么样。目前存世的"骠骑将军"形象稀少。在中国国家博物馆馆藏的《清人历代名臣像册》中发现的霍去病像，似乎只能勉强为我们提供一点参考。

画作上呈现的霍去病形象，与我们想象的年轻英俊的画风相去甚远。他的眼帘为臣字目，是岁月沉淀的肉泡眼。蒜头鼻弧线拉得圆润，呈右边吸气状，嘴巴右角微启，似乎要感慨曾经的征战岁月。他的右耳似佛像饱满下垂，肚子圆滚隆起。黑色官帽和棕色外衣不是2000多年前的汉风。他的嘴上有浓黑胡须、右耳窝里有黑发，下巴有连续皱褶。整体看，塑造的不像是骑马奔驰大漠的骠骑将军，而是一位上了岁数的老人，具体讲，更像是一位幸福长寿的北方大爷形象。

真实绘画与想象巨大反差的背后，依然是后人对霍去病战绩的传颂。他仅仅走过不足24年的岁月，但是大家还是期待他能幸福长寿。从绘画作品中，我们能依稀看见霍去病"马踏匈奴"的影子：眼睛有神，目光坚定，面容坚毅，体现出果敢剽悍和威猛的英姿。

再看位于陕西咸阳霍去病墓石刻群中的主体石雕"马踏匈奴"，映照了少年英雄战场博弈的伟大瞬间。工匠把马的形象刻画得坚实有力，姿态威武，气宇轩昂。马腹下的匈奴人，仰卧地上，左手握弓，右手持箭，双腿曲，作狼狈挣扎状，蓬松零乱的须发，更显得惊慌失措，声嘶力竭，带着既不甘心就缚又无可奈何的表情。石刻以写实与浪漫相结合的手法，使用一人一马对比的形式，构成一个高下悬殊的抗衡场面。

"秦汉风云惊塞烟，骠姚智勇冠军前。"公元前200年，汉高祖刘邦被匈奴冒顿单于围困于白登山，被迫与匈奴"和亲"。自此"和亲"政策成为西汉前期对匈奴采用

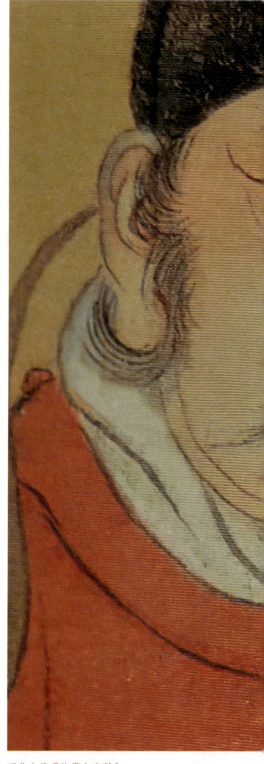

画作上呈现的霍去病形象

的主要策略，但是仍然无法阻止匈奴骑兵对边境的侵扰。公元前133年，汉武帝制订了以诱歼匈奴为主要目标的"马邑之谋"，汉军虽然无功而返，但是拉开了汉朝对匈奴从消极防御到战略反攻的序幕。在对匈奴的战争中，汉武帝在任命一些富有经验的老将，如李广、公孙贺、程不识、李息等人的同时，大胆提拔青年将领。时势造英雄，霍去病少年骁勇，重视从战争实践中的学习并不断强化。他独特、敏锐的军事思维让汉武帝感到后生可畏。就这样，霍去病登上了历史舞台。

为何霍去病能马踏匈奴？

一是他有远大的志向。公元前123年，18岁的霍去病以"骠姚校尉"的军职出征，后历经漠南之战、河西之战和漠北战役，六战六捷，曾封狼居胥，取得了辉煌的战绩，基本解除了匈奴对汉王朝的威胁。汉武帝要为霍去病修建房舍，但霍去病拒绝了，他说："匈奴未灭，无以家为也。"这句话体现了霍去病忧国忘家，锐意为国家铲除外患、建功立业的雄心壮志。他的境界让同一时期迦太基的汉尼拔·巴卡和古罗马的盖乌斯·马略、格涅乌斯·庞培，甚至凯撒大帝相形见绌。

二是他有正确的战略战术。首先，他能出其不意攻其不备。在第二次出兵河西时，他采取迂回包抄的战术，疾驰二千余里，避开匈奴的正面，绕到浑邪王和休屠王的侧后方，切断其向西北逃跑的后路，出奇制胜。正如《孙子兵法·势篇》记载："凡战者，以正合，以奇胜。故善出奇者，无穷如天地，不竭如江河。"其次，他能长途奔袭速战速决。"直弃大军数百里""过焉支山千有余里"，足见霍去病在每一次战役中都恰当运用了长途奔袭的闪电战略，这也正是统领上万铁骑军团深入大漠要遵循的速战速决战术。

三是他有宽厚美德，且善于用人。霍去病善待将士，战队猛将如云。在河西之战过程中，他有意识地吸纳了许多善骑射的各民族成员，补充汉族骑兵草原、沙漠作战经验不足的短板。追随他一同征战的校尉、军吏六人

马踏匈奴石雕

马踏匈奴拓片

封侯，二人为将。路博德，西河平州（今山西离石）人，追随霍去病征战，因战功被封为邳离侯。霍去病死后，他被任命为伏波将军，参与了对南越国的讨伐，并成功平定了南越叛乱。赵破奴，太原人，曾被匈奴俘虏，后归汉。他担任过霍去病的司马，因战功被封为从骠侯，后又被任命为匈河将军，并因击破楼兰王有功，被封为浞野侯。邢山，原为北地都尉，追随霍去病征战，因捕获匈奴小王有功，被封为义阳侯。高不识，匈奴人，以校尉身份追随霍去病出击匈奴，因战功被封为宜冠侯。复陆支，原为匈奴因淳王，投降汉朝后追随霍去病进攻匈奴有功，被封为壮侯。伊即轩，原为匈奴楼烦王，投降汉朝后追随霍去病进攻匈奴有功，被封为众利侯。服而舍之，功成则止。霍去病在作战中坚持不俘虏平民，对臣服者一律赦免，不杀无辜。这也是河西战役后，数万匈奴归汉的一个重要原因。

霍去病"马踏匈奴"，不仅是古代中国抗击外敌的辉煌胜利，更是中华民族开拓进取、团结一心的象征。一是推动了中国版图的统一。霍去病成功将匈奴势力逐出河西走廊，维护汉朝的主权和领土完整，由此奠定了西汉的地理版图，使之成为当时世界上最强大的"超级大国"。二是促进民族交流、交往、交融。随着匈奴势力的削弱，促进了汉朝与西域各民族的融合与发展。因为大汉，在中华民族的典籍里才会出现"汉族""汉字""汉语""汉服""汉人""汉子""汉赋""汉剧""汉学""汉奸""汉化""汉风""汉简""汉乐府"等概念。三是为丝绸之路的开通奠定了基础。随着西汉经济强盛，对外交流日益频繁，它开放包容、深沉博大，成为当时周边国家乐于交往的东方帝国。而当下"一带一路"倡议正是对这一历史纽带的延续和拓展。四是为国防文化建设提供了优势资源。汉武帝时代以军事为条件实现了汉帝国的疆域扩张。强大的国防硬实力是国家安全的保障，同时，强大的国威也增强了汉文化的自信心和影响力。

最接近霍去病真实面孔的文物究竟藏在哪里？2000多年过去了，这一话题一直被人们持续关注，但是也一直未能发现。这从另一侧面反映了人们对英雄墓的保护，这也许是霍去病马踏匈奴的另一层面的意义。

37

王昭君：

千秋绝艳为何走向漠北草原

名　　称　　**千秋绝艳图·王昭君**

文物时期　　**明（1368 年～1644 年）**

现藏地点　　**中国国家博物馆**

尺寸规格　　**（全卷）高 29.5 厘米、宽 667.5 厘米**

　　一曲琵琶，鸣镝无声。这是屈原的秭归老乡王昭君，一位从香溪河走进漠北草原的弱女子，在 2000 多年前创造了一段历史佳话。

王昭君
漢使却田嫱寄語黃金何
日贖蛾眉若君王若問妾顏
色莫道不如宮裡時

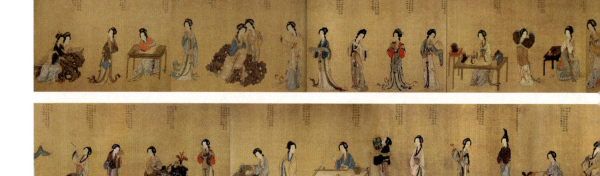

《千秋绝艳图》（局部）

中国国家博物馆藏明代佚名画家创作的仕女画《千秋绝艳图·王昭君》，是沈从文先生经手征集的。绘画呈现了现代史学家翦伯赞先生评价王昭君"何如一曲琵琶好，鸣镝无声五十年"的画面。

画面体现了明代仕女画的审美。王昭君的面部线条柔和流畅，眉目清秀含蓄，有种"秀骨清像"的意象。微垂的眼睑、轻抿的嘴唇，传递出昭君"出塞和亲"的忧伤与坚毅。面部额、鼻、下颌留白，突出立体感，肤色莹润如玉，体现了明代文人画的淡雅趣味。王昭君眼神低垂，似含忧思，嘴角微敛，有点淡淡的笑，既不失大家闺秀的端庄，又形成"哀而不伤"的意境。王昭君头戴貂冠、身着胡服，衣纹线条疏密有致，但面部仍保留汉地仕女的温婉特征，形成"汉装面容＋胡服穿戴"的视觉对比。在近七米的长卷中，王昭君虽只是其中五十余位女性之一，但被塑造为符合文人理想的"绝艳"符号。王昭君像通过面部细腻刻画成为视觉停留点之一，在群像中既和谐统一又脱颖而出。"绝艳"非指俗艳，而是通过端庄的五官、克制的表情，展现昭君"色艺双绝"却命运堪怜的悲剧美，契合明代对"才女薄命"的集体想象。胡汉交融的服饰设计，暗合明代多民族文化交流的背景，超越了单纯的美人图式，成为历史人物视觉化的一个样本。

王昭君眼神低垂，似含忧思，哀而不伤

秦汉时期，匈奴是威胁中原王朝最重要的北方族群。强大起来的匈奴，屡犯西汉边郡。汉高祖刘邦曾被围困于白登，此后汉朝采取和亲政策，通过联姻换取边境和平。公元前119年，卫青、霍去病率兵与匈奴决战漠北，从此"漠南无王庭"。此役之后，匈奴向西远徙。至西汉后期，匈奴内部分裂，出现五单于并立局面。公元前53年，呼韩邪单于归

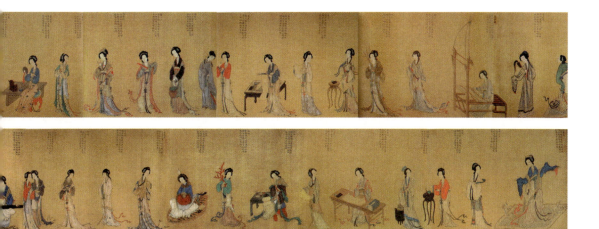

汉，引众南徙于阴山附近，结束了百余年来汉匈争战局面。汉元帝时，国力减弱，重启和亲以缓和矛盾，于公元前33年将宫女王昭君（王嫱）赐给呼韩邪单于作阏氏（王后），并为纪念此次和亲改年号"竟宁"，取"边境安宁"之意。

王昭君"绝艳"形象的背后，其实是一段艰难的融合历程。匈奴生活与汉地截然不同：住毡帐、食腥膻、语言不通，且匈奴有"单于死后再嫁继子"的婚俗，这对接受儒家伦理的江南汉女而言，是生理与心理的双重考验。但是，王昭君最终融入了匈奴人的族群。随王昭君入匈奴的汉人，带去了农耕、纺织、建筑技术，促进了匈奴从游牧社会向半农半牧社会转型。王昭君出塞后，汉朝与匈奴政权迎来《汉书》描述的"边城晏闭，牛马布野"的太平盛世。

王昭君和呼韩邪单于在漠北草原相遇，是西汉和匈奴的双向理性选择，呈现的是中国人的家国情怀与和合共生的传统理念。《后汉书》记载，当汉元帝决定和亲时，王昭君是"自请愿行"的。古希腊可以为了美女海伦发动特洛伊战争，打了10多年的仗。西汉为了不打仗，弱女子王昭君便站出来担当。成功的联姻为后世唐代文成公主入藏提供了范例，"王昭君模式"证明文化交流、通婚、经济互惠比军事对抗更能促进长久和平。

匈奴人接受了王昭君。相传，王昭君去世后，被安葬在今内蒙古自治区呼和浩特市南郊的大黑河南岸。昭君墓距今已有两千余年的悠久历史，是我国最大的汉墓之一。每到深秋时节，四野草木枯黄的时候，唯有昭君墓青草如茵，因此人们又称其为"青冢"。

值得关注的是，王昭君的"青冢"并非只有呼和浩特这一座，在内蒙古草原有众多昭君墓。其中在大青山南麓，至少有十几个昭君墓。现代考古证实呼和浩特昭君墓为汉代人工夯筑的纪念性遗址，其他墓冢多为天然土丘或后世附会。这些墓冢是历代各族人民自发纪念王昭君的象征性遗迹。在人们心中，昭君出塞已经成为民族团结的象征，昭君墓也成为民族团结的纪念塔。王昭君的故事汇入了民族融合的恢宏叙事。

事实上，王昭君命运一直是和"中国"联系在一起的。2021年4月清华大学艺术博物馆"万物毕照：中国古代铜镜文化与艺术"大展上出现一面"昭君镜"。这面铜镜上记载的历史背景与《汉书·元帝纪》《汉书·匈奴传下》中描述呼韩邪单于来朝，元帝改元"竟宁"并以王昭君赐婚单于等事实吻合，且所述次序大体一致。这面"昭君镜"制作于东汉，其直径 21.5 厘米、缘厚 1.2 厘米、重 1434 克，镜背中心为扁球形钮，钮座为 13 枚乳钉环绕，间以铭文的 12 个字"仲作，宜侯王，复（服）此竟（镜）者天富昌"为制作者名称及吉语。镜内区中部有 4 枚乳钉，将图像分割为 4 组扇形区域，每一区域均布置人物车马画像，并具榜题。铭文分别为：王诸君／大皇后／胡王车／胡主簿。铜镜外区刻有长铭，形式为七言诗，共 70 个字。"昭君镜"铭文两次提及"中国"：一是王昭君"倍（背）去中国事胡人"，二是"兵革不用中国安"，将"中国"（汉朝）与"匈奴"相对。"昭君镜"不仅是已知存世最早的一件记录昭君出塞故事的文物，还是一件明确将中原王朝与匈奴相对，自称"中国"的珍贵实物证据。"昭君镜"的发现，让我们能更深刻地理解中华民族发展史上"中国"这一概念形成的历史渊源。

在我国历史上，和亲联姻，多有其事，如西汉细君公主远嫁乌孙，唐朝文成公主进藏嫁与吐蕃赞普松赞干布。事实上，在每个重大历史时刻，每个人，包括弱女子"王昭君们"，都在担当着"中国"二字赋予的使命。她们为自己、为家人、为国人、为昨天、为今天、为明天，做出选择，勇敢担当，促进了各民族政治、经济、文化交往，打牢了中华民族共同体的历史基础。她们是民族友好交流的使者。

就这样，在各民族的交往交流交融中，

昭君镜

农耕文明的勤劳质朴、崇礼亲仁，草原文明的热烈奔放、勇猛刚健，海洋文明的海纳百川、敢拼会赢，源源不断注入中华民族的特质和禀赋，共同熔铸了以爱国主义为核心的伟大民族精神。

明　仇英《明妃出塞图》

38

关公：

红脸汉子的英雄本色

名　　称	**彩绘泥塑关公坐像**
文物时期	**清（1616年～1911年）**
来　　源	**征集于台湾省澎湖湾**
现藏地点	**中国闽台缘博物馆**
尺寸规格	**通高50厘米、宽24厘米、深20厘米**

　　忠贯日月，义薄云天的关公从中原运城走向台湾海峡澎湖湾，走向世界，走向人类的星辰大海。

说起台湾省澎湖，大家或许会想到一首好听的歌谣《外婆的澎湖湾》。2023年，中国闽台缘博物馆入藏了在澎湖湾征集到的一件珍贵的清代"彩绘泥塑关公坐像"，为我们带来一些关于澎湖湾的相关故事。

关公是谁？文献记载，关公（关帝或关羽）为三国时期蜀汉名将，出生于司隶校尉部河东郡解县下冯村，即今日的山西省运城市解州镇常平村。桃园三结义时，关公与刘备、张飞立下"上报国家，下安黎庶"的誓言。关公殁后英灵不灭，民众立庙奉祀。由于历代王朝的提倡，关公信仰传播全国各地。

这件关公坐像为我们呈现了带有闽台风格的清代关公形象。

他是红脸汉子。清代台湾泥塑宗教造像注重形神兼备，常采用木骨泥胎，通过复杂的漆金工艺和细腻的矿物颜料彩绘技法，强化神祇的视觉表现力。这件关公坐像单手抚须，腿部跨坐分开。全身色彩为暖色调，面色赤红，头戴帝冠，眉眼上挑，生动且威严。整体与文献上描写的关公身长九尺三寸，髯长一尺八寸，面如重枣，唇若涂脂，丹凤眼，卧蚕眉，相貌堂堂，威风凛凛，英姿飒爽，豪气冲天的形象相近，凸显出忠义与神性。

他的服饰华丽。台湾早期的寺庙工匠多来自福建，技法上传承了闽南的写实风格与华丽的装饰传统。这件关公像身着武将袍服，肩披铠甲，衣服设色鲜艳，着云龙纹等吉祥图案，褶皱繁复流畅。澎湖作为闽台文化交流的前沿，其宗教造像兼具福建本地传统与海洋文化特色，例如造像的底座或服饰纹样中涉及海洋元素，体现了闽台两岸"诸神共祀"的特性。

他呈现英雄本色。武将袍服、肩披铠甲、裤底收口、脚着战靴等系列特征，映照着南宋以后的关公"护国战神"的形象。明代抗倭名将戚继光在《练兵实纪》中强调："凡为将者，必以忠义为本，效关王之心。"关圣帝君，忠贯日月，义薄云天。将忠义升华为超越军事的道德标杆。清代台湾驻军普遍奉关公为保护神，关公巡

身着武将袍服，肩披铠甲，手持《春秋》

面色赤红，头戴帝冠，眉眼上挑

裤底收口、脚着战靴

城仪式亦强化了军民戍守边疆的集体意识。1895年，将领刘永福在台南关公庙誓师，宣称"仰赖帝君神威，共御外敌"。连横《台湾通史·宗教志》载："台南祀关公尤盛，每岁诞辰，士女焚香叩祷者络绎于途，盖以忠义之气深入人心也。"

他手持《春秋》。《春秋》是儒家经典，体现了"大一统"思想。关公文武双全，有武圣人的霸气，也有文人的才气。这件关公坐像左手轻捋长须，右手执《春秋》。其家乡山西运城关公庙春秋楼始建于明万历年间，有关公手持《春秋》书卷的"夜读春秋像"。这与东汉时期

汉室衰微、皇权不稳、农民起义频发，天下动荡而有识之士希望匡扶汉室的愿望不谋而合。澎湖地区的关公像虽然融入了海洋文化元素，但手持《春秋》的核心特征仍得到了传承。由此，澎湖地区关公像也兼具武圣与文神的双重属性。

关公如何成为"神"的？

一般认为，关公信仰自隋唐兴起，以威猛勇武的凶神形象为主。至宋代，受社会战乱的影响，关公义贯千古、忠义仁勇的特质备受推崇。经过元代《三国演义》相关的小说、戏曲的发展，关公逐渐演变为全知全能的宗教神灵。明清时期关公形象更为丰富，在传统社会中影响甚广。

有数据统计，历史上一共有16位皇帝32次加封关公，

明　商喜《关羽擒将图》

其地位"侯而王，王而帝，帝而圣，圣而天"。1615 年，努尔哈赤在赫图阿拉修建关公庙，是整个清代第一座关公庙。皇太极扩建盛京时，在地载门（北门）外为关公建庙供奉，并赐匾额"义高千古"。清朝雍正三年（1725 年），朝廷颁令，以关公庙为武庙，并入祀典，进行春秋两祀。由此，关公与文圣孔子一样，成为国家祭祀的主神。民间对于关公的信奉应早于各朝帝王不断加封的时间。在官方和民众互动过程中，经过儒释道三宗千年的发展演进，关公最终成为儒家的文衡帝君、佛教的伽蓝菩萨、道教的伏魔大帝。

关公为何会来到澎湖湾？

台湾需要关公。闽台关公信仰的福建祖庙有两座，其一是漳州东山（铜山）关帝庙，其二是泉州涂门关帝庙（关岳庙）。关公信仰入台的重要标志就是建关公祠庙。蒋毓英的《（康熙）台湾府志》

载，"（澎湖）关公庙二所：一在吉贝屿，二在瓦硐港。"虽未言具体关公庙修建时间，但考虑到该志修纂时距离台湾归清仅两年，说明关公信仰至迟在郑成功时期就已传入台湾。对于澎湖关公庙建设时间，有文献记载："在妈祖宫西。康熙三十六年（1697年），澎湖副将尚宣建。"据统计，清代全台新建关公庙约有32座，为明郑成功时期三倍，遍及台湾全境。

关公信仰在台湾兴盛的原因，主要涉及四个方面。

一是政治因素。官方重视巩固王朝的一统。清廷在收复台湾后，仍有不少军事组织以反清旗帜聚众反抗其统治。从1840年鸦片战争开始，面对西方列强步步进逼，清政府无力应对。于是清廷利用关公的忠义形象，宣扬王朝受到关公护佑。

二是经济因素。随着清代中期闽人大规模入台垦荒、经商贸易，出现同乡拜契和商贸社群结成同业公会组织，需要有商业诚信与祈财的精神链接，民间信仰"武财神"的精神象征凸显。此外，民众出海和其他重大事项的决策，也需要到关公庙寻求关怀。

三是文化因素。从晚清开始，中华文明遭遇西方文明重大挑战。关公精神的核心要素涉及中华文化的核心价值"忠、义、仁、勇、礼、智、信"等。由此，传播关公精神，成为官方教化百姓、稳定台湾社会的文化策略。

四是军事因素。关公的"忠""勇""信"等品质，彰显"忠于使命、勇于担当"的国防伦理，实际就是发扬国防文化中的爱国主义和不怕牺牲精神。关公信仰成为军民团结一心抵御外部势力侵略、维护国家统一的国防文化资源。

澎湖湾连着太平洋。西方对关公的认识肇始于西方语境下的大航海时代。关公的忠义、勇武等品质被关注与重新解读，成为西方想象中的"东方神祇"。与18世纪欧洲掀起长达百年的"中国热"相比，16～17世纪的关公形象已成为一个中国文化符号进入西班牙、荷兰、法国等欧洲国家，成为"东学西渐"的开端。于是，关公也成为全球化初期中西文化交流的一个标识。

中华民族需要关公。世界人民也需要关公。如今，世界上有168个国家和地区留有关公文化的足迹。关公文化从中原运城走向台湾海峡澎湖湾，走向世界，走向人类的星辰大海。

39 驿使图画像砖：

千年前的快递小哥

这块画像砖上呈现的快递小哥，像风一样的快乐。他再现了 1600 多年前中国邮政的情形，被认为是中国发现最早的古代邮政的形象资料。

名　　称	**驿使图画像砖**
时　　期	**魏晋（220年～420年）**
出土地点	**甘肃省嘉峪关市新城魏晋墓群5号墓**
现藏地点	**甘肃省博物馆**
尺寸规格	**长35厘米、宽17厘米、厚5厘米**

如今，网购已是大众化的购物方式。"快递小哥"
几乎与我们天天谋面。可你知道吗？古代也有"快递小
哥"，想知道中国早期的快递小哥长什么样子吗？快随
我们来看一看。

这件文物叫"驿使图"壁画砖，1973 年在"世界最
大的地下画廊"——甘肃省嘉峪关市新城魏晋墓葬群出土。
画像砖是什么？就是刻画在砖上的画。我国画像砖起源
于战国，兴盛于两汉，绵延到宋元。工匠们在创作画像
砖时，往往以现实社会为蓝本，融入非凡的想象力和创
造力，形象地展现中国古代社会的物质生活与精神生活。

这块画像砖画长 35 厘米，宽 17 厘米，厚 5 厘米。图
砖的底色是米白色，轮廓线是黑色，马的身体整体是黄色，
身上有红色的斑块。骑马的是一名信使，头上戴着黑色
的巾帕，身穿右襟宽袖衣，脚上穿着长靴，左手举着文书，
右手牵着马缰。

左手举着文书，右手牵着马缰

依据这件文物出土地——嘉峪关附近推测，马行进
的方向是由西向东，应是从河西走廊往东到长安。马的
四蹄腾空，马尾飘扬，而信使却稳稳地坐在马背上，看
得出信使的业务非常熟练。

"快递小哥"应是拿着"年薪"的专业人员。靠近看，
他穿着制服，戴着制式帽子，胖乎乎的，脸上的肥肉随
着马儿奔跑的节奏起伏，并在起伏瞬间形成肉褶。体态
肥胖，说明当时他的伙食不错。

看到这里，不知道大家有没有发现，这个"快递小哥"
的脸上并没有画嘴巴。这是为什么呢？这是因为邮政是
一种非常重要的通信方式。中国的邮政业务可以追溯到
西周时期，当时主要是通过驿站传送文书、信件以及其
他重要文件。到了汉代，设置了一些邮局。所以有学者推测，
不画嘴巴恰恰是古人故意为之，他们是想表达古代邮政
的保密性和安全性。

马的四蹄腾空，马尾飘扬

画像砖中，左边和右边的马腿几乎平行，飘扬的马
尾几乎拉成直线。整个画面，营造了"快递小哥"向着

脸上没有嘴巴

目的地快速移动，像是飞了起来。

这个"快递小哥"不仅揭示了古代邮政制度的重要性，也反映了中国古代交通运输的发展。自张骞出使西域，从葱岭、天山、昆仑山到祁连山一线，多条丝绸之路古道在敦煌交汇。从敦煌到长安，西汉中央政府设置了80余处邮政机构，就是驿站。按现在的里程计算，几乎每20千米就有一处驿站，主要用于传递公文、接待使团，敦煌戈壁滩上建起的悬泉置就是其中的一个驿站。这个"快递小哥"可能就是从悬泉置骑马到长安的。悬泉置是目前唯一经过考古发掘的古丝路驿站，先后出土3万多枚汉简。其中，考古人员发现了2000多年前一位名叫"弘"的汉代基层小官，在这里任职近20年。涉及"弘"的汉简有70多条，为我们还原了当时快递小哥的生活场景。那时的军情急报，都要经过沿途设置的驿站，快马飞报。从敦煌上报到长安，最快的时候马行一日八百里。每到驿站，快递小哥们会下来休整，喝两口热茶，等待马匹吃饱草料。如果是急件，他们会换好最精壮的马匹，立即赶到下一站。汉代苏武出使塞外、乌孙迎娶汉朝公主等，达官贵人的书信来往，就是通过快递小哥们传送的。

后来的史书记载和考古挖掘表明，从两汉至魏晋，悬泉置一直保持朝廷和西域的信息畅通，并保护河西走廊过往人员的通行安全。悬泉置南北朝时曾一度废弃，到唐再度恢复，宋以后销声匿迹。

"快递小哥"为我们带来了什么？

这块画像砖上呈现的快递小哥，像风一样快乐。他再现了1600多年前中国邮政的情形，也被认为是中国发现最早的古代邮政的形象资料。1982年，"驿使图"上了纪念邮票，成为中国邮政悠久历史的见证。古今辉映，丝路绵延。随着"一带一路"的推进，如今现代化的物流网络，在古老丝路上再现了繁华与荣光。

40

飒露紫：

盛唐宝马是如何炼成的

名　　称	**昭陵六骏·飒露紫石刻**
时　　期	**唐·贞观十年（636 年）**
原始位置	**陕西省咸阳市礼泉县昭陵北司马门内**
现藏地点	**美国宾夕法尼亚大学博物馆**
尺寸规格	**长 207 厘米、宽 43.2 厘米、高 172.7 厘米**

若要问盛唐是如何炼成的，"昭陵六骏·飒露紫石刻"或能为我们提供一个可供参考的微观模型。

一名武将，一匹战马。这是 1907 年原位于陕西省咸阳市礼泉县昭陵北司马门内的石刻飒露紫的画面。

唐太宗为纪念自己统一战争中的武功，也为纪念陪他屡立奇功的六匹战马——飒露紫、拳毛䯄、白蹄乌、特勤骠、青骓、什伐赤，命艺人阎立德主持工程，组织工匠根据画家阎立本的画稿雕成六骏，立于昭陵北司马门内。六骏采用高浮雕手法，线条流畅，栩栩如生，是珍贵的唐代石刻艺术珍品。

战马飒露紫构成大唐的一段记忆。"飒露"的突厥语读音为"isbara"，意为"勇健者"。"飒露紫"就是一匹"勇健者的紫色骏马"。飒露紫作为优质战马，代表唐代军事力量的核心要素骑兵。李世民曾在唐武德四年（621 年）的虎牢关之战骑乘飒露紫击败窦建德，此战奠定唐统一基础。李世民在征讨王世充时，所乘飒露紫被对方利箭射中。大将丘行恭射敌骑救援，成功突阵而返。

昭陵六骏石刻，为何唯有飒露紫有人物相伴？一个重要原因，就是要表达唐太宗李世民和丘行恭等将士"在一起共难"的叙事。

一是呈现了勇武与忠诚的形象。丘行恭身着唐代武将常服，裹着头巾，左腰佩长剑，右腰挂箭筒，足蹬战靴，身形魁梧，肌肉线条通过浮雕的深浅变化突出力量感。他左腿前弓，右腿后蹬，身体前倾，双手握箭作拔取状，整体姿态充满张力。丘行恭的面目已因风化变得模糊，但两撇八字胡须仍清晰可见。此时，他眉宇紧蹙、双目圆睁，表情凝重而坚定，传递出对战马的关切和对战局的警觉。

二是勾勒了人马互动共情。丘行恭右手握箭杆，左手似扶住马身。马首此时低垂，贴近丘行恭头部，三腿挺立，左后腿后缩，躯体在剧烈疼痛中后倾发力。二者视线形成呼应，配合默契，人"动"与马的"静"形成戏剧性对冲。马在丘行恭为其拔出箭之后，就倒下去了。这种人与马之间休戚相关的交流情景，不仅体现战马的驯服，也隐喻"将士—战马—君主"三位

右腰挂箭筒，足蹬战靴

人马共情

一体的共生关系。

三是缩影了胡汉融合。李唐皇室既"源流出于夷狄"，又继承北朝民族融合的政策，故有唐一代大量重用各少数民族出身的人才。丘行恭为鲜卑拓跋部人。其本身即艺术表现"胡汉融合记忆重塑"。石刻中他的装束兼具中原铠甲与游牧元素，如腰间有蹀躞带。他的下巴的浓胡须，马高耸的三花式鬃毛（突厥贵族马饰），尾巴结成团束，也涉及游牧元素。

从石刻上人面和马面的响应，我们能依稀看到一些盛唐的成功因素。

一是政治上实施共融秩序。从"马上得天下"到"下马治天下"，飒露紫宣扬了唐太宗推进华夷一体、维系巩固大一统政权的抱负。唐太宗曾明确表示要同等对待各族，中华民族的各群体没有高低贵贱之分。他执政后，着眼共构华夷一体政治格局，实行开放的族群政策，吸收北朝的政治法律制度。重视开放的选官体系，行政和军事体系在人才选拔使用上打破华夷之隔。实行柔性的区域治理，以德化和恩义的政策先行，推动族群间交往和互鉴。特别是在政治层面，唐朝成功塑造了皇帝"天下共主"的权威，唐太宗在灵州大会上被尊奉为"天可汗"，建立了农牧结合与族群交融的大一统王朝。

二是军事上加强硬实力建设。飒露紫的战伤是军事扩张的缩影。战斗力包括人、装备、人和装备的结合三个要素。在中国历史上，马的数量和质量关系到国之安危，甚至决定一个王朝的命运。周武王兴兵伐商时的牧野之战就动用了战马，据《史记·周本纪》记载，武王伐纣时率军"戎车三百乘，虎贲三千人"，与商纣战于牧野。唐自起兵以来，十分重视骑兵。李世民长于以精骑掩袭取胜，对骑兵尤其关注，要求自己的部下进行"突厥化"能骑善射的特殊训练。他任用突厥将领阿史那社尔、契苾何力，组建"蕃汉混编"部队，中原步兵方阵与草原骑兵机动性结合，形成碾压周边政权的军事优势。唐代是中原王朝骑兵的鼎盛时期，也是中原王朝的鼎盛时期。

三是文化上重视多元一体认同。飒露紫浮雕选择"丘行恭拔箭"的受伤瞬间而非凯旋场景，刻意突出"共患难"的叙事。这种"伤痕美学"将李世民的个人战功转化为"一体"的集体记忆，强化了多元一体的文化认同，也为盛唐的稳定统治提供精神凝聚力。飒露紫马具的波斯纹样与中原浮雕技法结合，反映唐代对异域文化的实用主义态度。从南北朝到隋唐，是一个族群大交融刚刚完成而又继续深化的时期。在这种背景下，唐太宗"爱之如一"的理念也极大地深入了文人、士大夫心灵。他们普遍接受"兼爱华夷"的族群观，还提出了"以德化之"的思想。有唐一代，"虽云异域，何殊一家"已逐渐成为获得广泛认同的天下观。安史之乱是唐朝由盛而衰的转折点。然而，唐朝约三百年文明高峰所塑造的中华认同并未随着政治军事的衰败而消亡。

四是思想上增强危机意识。昭陵六骏创作时，恰逢李世民从军事扩张转向文治。飒露紫的伤痕被升华为"创业艰难"的象征，提醒统治者居安思危。首先，不能忘本。李世民想用昭陵六骏告诉天下人，每一位为唐朝作出贡献的人都不会被忘记，哪怕是六匹马也会留名青史。其次，借此来告诫子孙后人，唐朝开国来之不易，希望他们珍惜历经重重考验打下来的江山，守好江山，还给众多平民百姓一个太平盛世。期间，贞观之治以"纳谏如流"、灵活调整税法政策等务实态度，化解社会危机，形成大唐的"动态稳定"。李世民还通过延续科举制吸纳寒门，修订《贞观律》完善法律体系，将军事胜利转化为社会发展的制度红利。最终，"贞观之治"出现了，为大唐盛世的到来打下了坚实的基础。

不幸的是，20世纪初，飒露紫、拳毛騧被盗运出国，现藏于美国宾夕法尼亚大学博物馆。丘行恭的脸上仿佛铺满了忧伤。归来，成为中华儿女的呼唤。

如此，飒露紫成为如何保持国家持续强盛的一种警示。

41

彩绘驼夫俑:

牵来骆驼队的丝路使者

名　　称	**彩绘驼夫俑**
时　　期	**唐（618 年 ~ 907 年）**
出土地点	**新疆吐鲁番市阿斯塔那 206 墓**
现藏地点	**新疆博物馆**
尺寸规格	**高 55.8 厘米**

　　"哪里来的骆驼队，再不叫沙漠打瞌睡。"这首流传西北的民歌背后，映衬的是"万里驼铃万里波，万国衣冠会长安"的古丝绸之路故事。

1973 年，新疆吐鲁番阿斯塔那 206 墓唐代 "彩绘驼夫俑" 出土，为我们打开了一段丝绸之路故事。

在古代北方 "丝绸之路" 上，骆驼是重要的交通运输工具。新疆养殖骆驼历史悠久，《逸周书》记载了莎车、匈奴、月氏等地区所产的骆驼。阿斯塔那墓地位于吐鲁番（古高昌国），是中原通往西域（中亚、西亚）的必经之地。唐代在此设西州，成为胡汉商旅、使节、僧侣的集散中心。在 "彩绘驼夫俑" 身上能看到一个跨越时空的丝绸之路商旅形象，以及唐代多元文化的繁荣与交流盛况。

一是西域人种特征。驼夫俑面部为深目高鼻、浓眉短须，鼻梁高挺、眼窝深陷，下颌线条硬朗。面部施以彩绘，肤色以浅赭色打底，眉眼、胡须用墨线勾勒，嘴唇点染朱红。其双唇微抿，目光专注，神态英俊，透出坚毅。这种刻画符合唐代胡商和粟特人的形象，再现了西域商旅的职业精神。

二是游牧民族装束。尖顶毡帽是粟特人风格。粟特人是丝绸之路贸易的主要中介者，活跃于高昌、长安等地。20 世纪 70 年代末，考古人员曾在孔雀河下游、靠近罗布泊的一墓葬发现商周时期的雕像人物头戴尖顶帽。1983 年夏，在伊犁新源县巩乃斯河出土的乌孙遗物中发现头戴尖顶圆帽的青铜武士俑，推测这是塞人（粟特人）遗物。眼前这件白色尖顶毡帽，帽檐外翻露出暗红色内里，帽身两侧绘红色四出菱纹图案。这种帽饰兼具实用性与装饰性，是西域游牧民族的装束，同时也融入了中原的纹样设计。帽饰的纹样红色，身着绿色袷袍，红色里衬绘有树草和蜜蜂图案，蜜蜂的图案可能与粟特人崇拜的 "密特拉神" 相关。

三是工艺技术的跨区域融合。驼夫俑采用分段雕刻胶合工艺，头、躯干、四肢分别雕刻后组装，并施以彩绘，这种技法源自中原盛唐时期的木俑制作传统。然而，人物形象和服饰细节则明显具有西域特色，反映了唐代丝绸之路上的文化互动。此类俑或模仿长安贵族墓葬风尚，

面部施以彩绘，眉眼、胡须用墨线勾勒，嘴唇点染朱红

头戴毡帽，深目高鼻、浓眉短须

反映边疆贵族对中原文化的传承。

翻领胡服大衣

四肢分别雕刻后组装，并施以彩绘

值得关注的是，彩绘驼夫俑出自的206号墓为高昌左卫大将军张雄夫妇合葬墓。张雄（583年~633年）祖籍河南南阳，为高昌国末期重臣，曾任"左卫大将军"，其家族世代为高昌王室（麴氏）的亲信。唐贞观十四年（640年）灭高昌，设立西州，将其纳入唐朝版图。张雄本人在高昌灭亡前已去世，但是张雄家族在这一历史转折中扮演了关键角色。根据墓葬出土的《张雄夫人麴氏墓志》记载，其妻麴氏为高昌王族后裔，家族与唐朝关系密切。张雄是支持李世民的统一政策，并拥护中央政权的。张雄之子张怀寂在唐朝任西州都督府官员，曾在武则天时期收复安西四镇的战役中立过功，表明家族主动融入唐朝体系。张雄墓葬出土的户籍和契约等汉文资料、丝绸、伏羲女娲绢画、胡人俑等，兼具中原与西域特色，反映其家族在文化上的兼容并蓄，也彰显了中央政权对西域的实际控制。

彩绘驼夫俑是欧亚大陆东西两端对话的见证。彩绘驼夫俑虽静默于中国新疆墓葬，却反映了唐代丝绸之路对地中海周边国家的深远影响。

一是经济上"双终端"联动。彩绘驼夫俑是连接长江黄河与地中海的关键纽带。唐代丝绸之路形成了"长安—撒马尔罕—巴格达—君士坦丁堡"的完整链条。驼夫俑牵引的商队将丝绸、瓷器等中国特产运至中亚，再经波斯商人转手至地中海的安条克、亚历山大港等港口。驼夫俑的生活时代，也就是唐代在阿拉伯阿拔斯王朝与唐朝怛罗斯之战（751年）前后，地中海南岸的阿拉伯势力开始直接参与东方贸易，推动了贸易路线从陆路向海路转移。

二是文化上跨区域传播。驼夫俑的胡人形象融合了粟特、波斯甚至地中海人种特征，其文化通过丝绸之路反向影响了地中海世界。唐代陶俑的写实风格与希腊化雕塑传统存在潜在联系。驼夫俑所在的阿斯塔那墓葬群中，曾出土景教文献与十字架纹样，而景教正是从叙利亚经

三彩骆驼载乐俑

波斯传入长安。地中海东岸的景教、摩尼教等借助商旅网络进入中国，同时佛教艺术中融合了希腊雕塑的犍陀罗风格，也通过同一路径影响了地中海周边。

三是政治上博弈中互动。地中海周边政权通过丝绸之路与唐王朝形成间接的政治联动。唐与东罗马均面临突厥、嚈哒等游牧势力的威胁。据《旧唐书》记载，东罗马使臣曾多次访唐，有联合遏制西突厥对商路干扰的意图。驼夫俑所在的西域，正是唐与突厥争夺的战略要地，其出土背景体现了商路安全对跨地中海政治合作的需求。阿拉伯帝国7世纪征服埃及与北非后，加速向中亚扩张，与唐朝在帕米尔高原形成对峙。怛罗斯之战后，阿拉伯商人将中国造纸工匠带入撒马尔罕，造纸术经地中海传入欧洲。

四是科技上推动文明互惠。驼夫俑背后商队运输的不仅是货物，更是科学技术。唐代弩机、铠甲制造技术可能经波斯传入东罗马，影响地中海战争形态。而拜占庭的"希腊火"配方，亦可能是通过阿拉伯商人获得的。地中海地区的葡萄种植与酿酒技术经粟特商队传入唐代西域，吐鲁番文书中便有"蒲陶酒"记载，而中国育蚕缫丝技术则通过波斯走私至拜占庭，打破了地中海丝绸垄断格局。

从历史视角看，"彩绘驼夫俑"不仅是唐代丝绸之路贸易的缩影，更是中华民族对外交流、交往、交融的物化见证。这种互动不仅推动了西域社会的繁荣，也为中华文明注入了多元活力，彰显了"万里同风"的文化认同与共同体意识。从文化视角看，彩绘驼夫俑作为一件陪葬品，其存在超越了实用功能，指向更深层的文明本质。丝绸之路上驼夫俑和粟特人、汉人、波斯人通过契约、货币等商贸语言，以及佛教、祆教等宗教符号，建立了交流、交往关系，以"非暴力交往模式"为全球化时代的文明冲突提供了历史范本。

回望彩绘驼夫俑的斑驳之躯，我们在丝绸之路的尘埃中，看到的不仅是历史的残影，更是人类对存在意义的永恒追问。

42

卢舍那大佛：

伊河岸上的千年微笑

名　　称　　**大卢舍那像龛**

时　　期　　**唐（618 年 ~ 907 年）**

现藏地点　　**河南省洛阳市龙门石窟伊河西岸上**

尺寸规格　　**通高 17.14 米**

"如月之恒，如日之升。"大卢舍那像龛以其神秘的东方微笑，在河南洛阳龙门石窟伊河的水波上已荡漾千年。

据传东汉永平十年（67年），有印度僧人用白马驮着佛经和佛像来到洛阳，这就是洛阳白马寺的来历传说。龙门石窟则始凿于北魏孝文帝迁都洛阳(494年)之际，之后历代开凿形成了南北长约一千米的石窟遗存。大卢舍那像龛是龙门石窟中规模最大、艺术最精湛的唐代摩崖群雕，其主造像卢舍那大佛（"卢舍那"本义"光明遍照"）更是展现了盛唐石刻艺术的巅峰水平。主要表现为以下几点：

一是面部丰腴圆润。卢舍那大佛身披通肩式袈裟，结跏趺坐于束腰须弥座上，似呈微笑状，头部稍低。额头宽阔饱满，双颊丰盈，下颌圆而略微前突，整体线条流畅，兼具女性柔美。这种造型体现唐代以胖为美、崇尚富丽的风尚，融入了中原审美，突破了印度佛造像的刚硬风格。佛像头顶雕刻有波状发纹，发髻高隆，在庞大繁复的火焰纹头光和背光图案衬托下，其面部圆润饱满。整体营造光明与德行的意境，契合《诗经·小雅·小明》中"明明上天，照临下土"以及《诗经·国风·淇奥》中"有匪君子，如金如锡，如圭如璧"的描述，呈现光明遍照的宗教寓意。

二是五官精致和谐。双眉如新月般弯曲，秀目微垂，目光柔和而深邃，佛像与观者视线若交汇，既似凝视礼佛者，又似俯瞰众生。这一眸的交汇，拉近了人与佛的距离，反映了"佛性"与"人性"的结合。鼻梁高挺笔直，与圆润的面部形成对比，凸显庄重感。双耳耳垂厚重下垂，体现出佛的福相。嘴唇小巧，嘴角微微上翘，被后世誉为"东方蒙娜丽莎"的微笑。面部皮肤泛出光亮，有如《诗经·卫风·硕人》中"肤如凝脂"的庄姜之美。

三是表情威严祥和。面部肌肉松弛，无紧绷感，嘴角的笑意与微蹙的眉宇形成微妙平衡，既显慈悲又不失庄重，呈现出"圆融和谐，安详自在"的特质。这种神态既契合佛教"普度众生"的教义，又展示了唐代皇权的威严，体现了宗教艺术与政治象征的结合。大佛走出了印度佛造像的范式，融入了儒家伦理，如面部表情流

发髻高隆，额头宽阔饱满，面部丰腴圆润

眉如新月，秀目微垂，似凝视礼佛者，又似俯瞰众生

露的"慈悲为怀"与"中庸和谐"，这也标志着佛教艺术实现了本土化。

四是意境虚实交融。唐朝建立后，为了抬高李姓的地位，高祖李渊和太宗李世民都采取了"兴道抑佛"的政策。而武则天要"变唐为周"当女皇，便反其道而行之，采取了"兴佛抑道"的政策，重视并利用佛教。佛教华严宗就是在武则天的直接支持下才得以创立的。据记载，卢舍那大佛的面容模拟了武则天中年时期的仪态，构建了"母仪天下"的帝王形象。如，上身有同心圆式衣褶环绕头部，在背光中雕刻乐舞伎与火焰纹饰，目的就是烘托佛法无边。佛的女性化特征与武则天称帝的政治需求是密切相关的。武则天将自身形象融入佛像，强化了"君权神授"的合法性，本质上还是体现宗教艺术服务于皇权政治的功能，也回应福柯所言"权力通过美学装置渗透"的命题。

卢舍那大佛为何会露出"神秘的东方微笑"？其背后既是唐代盛世的缩影，也是中华文明开放性与创造力的象征，对世界文化遗产保护与跨文明对话具有深远意义。

一是实力上造精品。隋唐时期的开放与繁荣，推进中国佛教的发展达到了鼎盛，中国成为了实际上的世界佛教中心。大卢舍那像龛的建造耗时三年，动用大量人力物力，规模宏伟、气势磅礴，反映了盛唐时期的经济实力。艺术并非被动反映经济基础，而是通过形式创新反作用于社会观念，推动佛教信仰的普及与政治合法性的构建。像龛突破了早期佛造像的神秘感，通过世俗化的形象拉近了人与佛的距离，成为东亚地区佛教艺术本土化的参考范本。正如日本圣武天皇受龙门石窟启发，在奈良建造东大寺。

二是理念上中国化。隋唐时期，外来佛教已基本完成了中国化，中国佛教的对外交流已经从输入为主变为输出为主，中国石刻佛教艺术开始呈现中国化的叙事。在希腊罗马，雕塑多位于神庙与公共广场，彰显城邦荣耀，而大卢舍那像龛作为皇家工程，体现的是"政教合一"的东方模式。希腊雕塑以青铜或大理石为材料追求"不朽"，而龙门石窟则通过山体开凿实现"与天地同寿"。希腊雕塑常突出英雄或神祇的个体精神，而卢舍那像龛的佛、弟子、天王等九尊群像则通过等级化布局展现秩序与整体和谐。希腊罗马雕塑强调人体自然美与动态真实，如《拉奥孔》表现出肌肉张力，而卢舍那像以丰腴典雅体现了雍容大度、气宇非凡的个性，也更具宗教象征意味。这种中国化的造像风格，既是佛教本土化的结果，也是唐代社会文化需求的产物。

三是手法上创新。犍陀罗地区（今巴基斯坦北部和阿富汗东部一带）因亚历山大东征而融入希腊雕塑传统，形成了兼具希腊写实风格与佛教主题的艺术形式。大卢舍那佛像头部与身体比例（头高 4 米，占全身约 1/4），

通肩袈裟的同心圆衣褶

接近希腊雕塑的"黄金分割"原则，区别于印度早期造像的夸张抽象，着意呈现庄严和慈悲。佛像通肩袈裟的同心圆衣褶处理，简朴并富有韵律，与希腊罗马雕塑中雅典娜长袍垂坠感等相比，其衣褶更趋向平面。像龛中保留了大量反映东西交融的装饰纹样，如忍冬纹、火焰纹等，虽有印度笈多艺术的影响，但融入了中国线刻技法。

四是团队国际化。龙门石窟处于丝路节点上，大卢舍那佛像因此融汇了希腊、波斯、印度等国际化艺术元素。《大卢舍那像龛记》详细记载了工程参与者，包括监造官员与工匠，体现了唐代大型工程管理的国际化协作模式。如像龛的营造，不仅依赖本土工匠，还吸纳了天竺、新罗等国的技工。国际化带来多样性，龛内装饰纹样中的欧洲卷草纹、爱奥尼柱式石柱等，反映了唐代开放包容的文化态度。此外，伎乐天女手持的曲颈琵琶等西域乐器，佐证了音乐文化的跨地域交流。

佛像"神秘的东方微笑"，蕴含了超越宗教的人文关怀，彰显了中华民族向往美好生活的精神追求和成效卓绝的创造能力，成为洋溢着信仰情感的中华文明标识。

43

白瓷陆羽像：

温润如玉的江南"茶圣"

名　　称	白瓷陆羽像
时　　期	五代（907 年～960 年）
出土地点	河北省唐县
现藏地点	中国国家博物馆
尺寸规格	高 10 厘米

　　茶为中华民族注入了伟大理性，促进了中华民族在大江南北的大融合。也因为陆羽，世界文明大花园里多了中国茶的味道。

很多人每天都爱喝茶，今天要讲的这件文物就与喝茶有关。

20世纪50年代，河北省唐县出土了一套五代时期的白瓷茶具，离现在有1000多年的历史，包含有一件人形瓷器和若干茶具。

出土的这一组茶具，是由风炉与茶瓶等组合而成，具有辽代的风格，工艺具有邢窑白瓷的特征。邢窑遗址位于河北省邢台市境内，属于华北地区。但出人意料的是，这件人形瓷器呈现的是江南少年的形象。他仪态端庄，面部清润有光亮，没有那个年代成年男人常刻意保留的胡子，一如清明前绿茶树，在江南绵绵细雨中绽放着春天的气息。你知道这个人是谁吗？

他可是个大名鼎鼎的人物。中国国家博物馆原陈列部研究馆员宋兆麟和终身研究馆员孙机曾经考证，认为这是陆羽像，并且是目前发现较早的一件瓷器陆羽像。陆羽是唐代茶学家、中国茶文化的奠基人，对世界茶业发展作出了卓越贡献，被誉为"茶仙"，尊为"茶圣"。专家认为，陆羽此时手捧的读物，应为他所写的《茶经》。

《茶经》是世界上第一部茶学专著。它大约在764年之后定稿，全书7000多字，涉及茶的起源、名称、品质、种类、采摘、器具、饮茶风俗等。《茶经》的问世，开启了喝茶有道的时代。

《茶经》诞生在1200多年前，那么中国人喝茶的历史有多长呢？答案远远超乎我们的想象。2001年，在浙江省跨湖桥遗址曾发掘出一颗距今约8000年的"茶树种籽"。有学者提出，这是世界上最早的"茶树种籽"。随后，在浙江田螺山遗址发现了山茶的树根，这是我国境内考古发现的最早的人工种植茶树的遗存。巧合的是，田螺山遗址还出土了一件小陶器，有把手，有洒水小嘴，很像今天常用的小茶壶。有学者推测，早在大约6000年前，浙江田螺山一带的人们已开始用陶器煮茶、喝茶。

但是，茶文化的正式形成大约是在魏晋南北朝时期。

白瓷茶具套装

仪态端庄

手捧《茶经》

《世说新语》中有个喝茶故事："王蒙好饮茶，人至辄命饮之，士大夫皆患之，每欲往候，必云'今日有水厄'。"意思是说王蒙很喜欢喝茶，但东晋时期饮茶习俗还没有那么普遍，来的客人喝不惯有点苦涩的茶水，所以把"敬茶"反当成遭罪，真是辜负了王蒙的一片好意。到唐宋时期，喝茶之风达到了鼎盛。推动喝茶进入鼎盛的一个关键人物就是陆羽。陆羽在《茶经》中说，中唐时最为流行的是煎茶法。这一套程序是：焙（bèi）茶、碾茶、烧水、调茶、饮茶。唐代的人饮茶不叫"喝茶"，而叫"吃茶"。吃茶时，要配上点心。

陆羽像为何会出现在华北地区的燕山脚下？

要看到，五代时期，契丹族建立的辽国直接控制幽云十六州地区，即今天的山西北部、河北的中北部和天津、北京地区。北方契丹族是喜欢中原文化的民族，饮茶文化就是契丹从中原地区吸收借鉴的文化之一。契丹贵族喝茶加速了茶文化的传播。此时，南方茶就跨过了长江文化带、黄河文化带，来到燕山脚下的长城文化带。我们看见的这件"陆羽像"出现在燕山地区，存在着当时征服或朝贡的可能。辽和宋通过谈判，签订了"澶渊之盟"，宋用茶叶等物质换取了和平。"澶渊之盟"后，宋和辽之间的茶叶贸易逐渐繁荣起来。此外，辽通过控制草原丝路，在一定程度上促进了中原与西亚乃至欧洲的贸易，促进了民族交往、交流、交融，以及东西方文化的交流。中国茶文化最终发展成为56个民族的茶文化，成为中华民族代表性的精神标识之一。

就这样，陆羽像见证了茶文化从江南到北方长城文化带的传播历程。茶为中华民族注入了伟大理性，促进了中华民族在大江南北的大融合。也因为陆羽，世界文明大花园里多了中国茶的味道。

面部清润

《茶经》书影

44

白玉持鹘童子：

草原上的英俊少年

名　　称　　**白玉持鹘童子**

时　　期　　**辽（916 年～1125 年）**

现藏地点　　**中国国家博物馆**

尺寸规格　　**高 6.4 厘米、宽 2.7 厘米**

辽阔的草原，美丽的山岗，走来一位手持海东青的契丹少年郎。

中国国家博物馆藏的"白玉持鹘童子"是辽代玉雕艺术的典型代表。契丹族是鲜卑人的后裔，而鲜卑族最初兴起于大兴安岭北段大鲜卑山。圆雕立童的面部刻画兼具写实与艺术化处理，勾勒出一位契丹族的英俊少年形象。

这位少年郎的面孔有几个明显的特点。

一是发型由一撮发髻生成。童子看似光头，但是头顶神来之笔就是梳了一撮发髻。发髻以阴刻细线表现发丝，发髻造型简洁，符合辽代契丹族少年儿童的发式特征。这一发式既体现了契丹民族的日常习俗，也反映了玉雕工匠对细节的精准刻画。童子的头部比例较大，前额宽阔饱满，是典型的"颅顶圆而后脑凸出"的辽代童子头型，这种比例设计既符合少年儿童稚拙的生理特征，又带有艺术化的夸张处理，增强了视觉上的生动感。

二是五官祥和中有叛逆。童子双眼以弧形阴线勾勒，眼窝深阔，瞳孔部分显得炯炯有神。鼻梁挺直，鼻翼较宽，轮廓清晰，展现了辽代玉雕对写实与象征手法的结合。嘴唇略厚，嘴角微扬，呈现出天真烂漫的祥和表情。值得关注的细节是，从侧面看童子，右眼微上挑，厚唇微右上拉，有点孩子的淘气，又有点少年的叛逆。这种表情不仅传递出童子的活泼性格，也暗含吉祥寓意。

三是线条表现面部神韵。面部轮廓及衣纹采用简洁的弧形阴刻线，线条流畅且疏密有致，体现了辽代玉雕"粗犷中见细腻"的风格。他的衣褶仅以数道弧线概括，避免繁复，突出人物主体。面部未添加复杂纹饰，仅通过五官比例和表情传递神韵，体现出"重神轻形"的审美取向，与宋代玉雕的程式化风格形成对比。

四是契丹民族风尚。童子身穿圆领左衽窄袖长袍，腰和背系锦带，左腰部佩刀。童子发式与库伦辽墓壁画中契丹儿童形象一致，后脑鼓出，体现了契丹族体质特征。童子手持海东青（鹘），是辽代"春水"捺钵文化的象征。其面部表情的灵动与持鹘动作的生动结合，反映了契丹贵族驯鹰狩猎的生活场景。

颅顶圆而后脑凸出

衣褶仅以数道弧线概括

"辽白玉持鹘童子"通过造型设计，艺术再现了契丹人的游牧生活，体现了草原民族"勇武即荣耀"的尚武精神。通过对比会发现，这也是宋朝与草原民族军事博弈处于下风的一个原因。

一是使用硬核装备的自觉。宋代玉雕"括号脸"童子充满文人雅趣，辽代执鹘童子摒弃了含蓄内敛的审美，而是通过外显的力量感突出武力的神圣性。"鹘"即海东青，是契丹贵族狩猎活动中的核心工具、硬核装备。"执鹘"就是要用好硬核装备。辽代推行四季迁徙行猎"捺钵"制度，春捺钵以捕猎天鹅为主，需驯养海东青进行空中搏击。童子手执海东青的造型，直接关联契丹以猎练兵的尚武传统，涉及草原民族的骑射、侦察技能与团队协作能力，展现了对力量、速度与征服的崇拜。此类玉雕多为契丹贵族佩戴或随葬品，童子形象或代表贵族子弟的成长仪式，就是通过驯鹰学习狩猎与战斗技能，彰显其继承尚武传统的责任。

二是勇敢面对挑战的意志。童子双手置于胸前，右腕托一只海东青鹘，右腕比左腕粗，似带有护臂用的"玉

敦煌壁画中养鹰犬的人

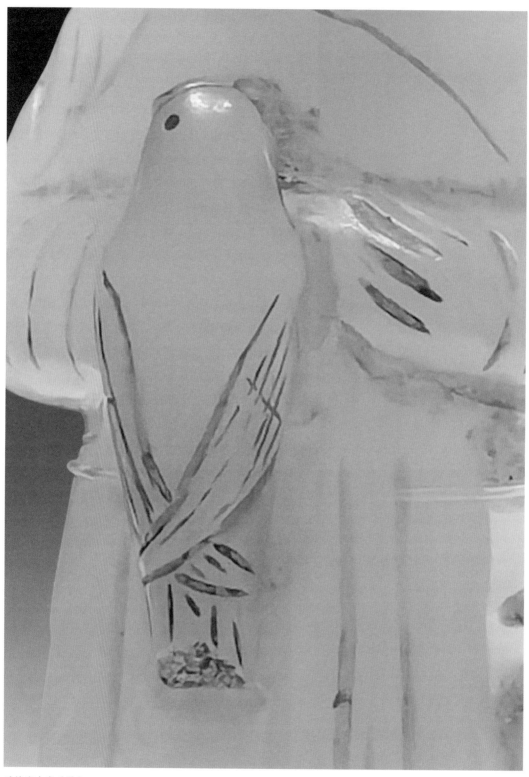

手持海东青（鹘）

臂鞲"。左手似拿食物正在喂鹘，生动展现出辽代人工驯鹘饲食的真实情景。玉臂鞲是辽代贵族在狩猎时戴于手臂之上，用于架鹰饲食的工具。让鹰鹘站在上面，以防鹰爪抓伤身体。鹰鹘身姿矫健，凶猛异常，经过人工驯化，能够成为很好的捕猎助手。但是人和鹰鹘互动过程中，被鹰爪抓伤难以避免，考验着童子的耐心和勇气。从雕像上看，童子虽面容稚嫩，但身形挺拔，手臂肌肉线条紧实，持鹘动作充满张力。这种"童体成人化"的处理，暗示契丹民族自幼接受尚武教育的传统。

三是"弓马立国"的气质。玉雕整体风格粗犷大气，但海东青的羽翼与爪喙等细节处精准刻画。这种反差体现了草原民族外放刚毅、内藏机敏的性格特质，与农耕文明玉雕的婉约风格形成鲜明对比。辽代玉器常以熊、虎、鹰等禽兽为主题，象征力量与征服。执鹘童子通过人与猛禽的互动，强化了驾驭自然、战胜强敌的草原生存哲学。玉雕中童子与海东青的组合，体现了契丹人以"弓马立国"的气质，这也成为草原民族身份的标识。即使辽代后期逐渐汉化，此类题材仍被刻意保留，以强化族群传统与认同。

从民族学视角看，"白玉持鹘童子"为构建民族精神提供诸多思考。

一是保存草原文明的鲜活印记。契丹族作为北方游牧民族，其"逐水草而居"的生活方式未留下大量文字记录，但"持鹘童子"通过玉雕艺术将捺钵制度、驯鹰狩猎等核心文化元素凝固为实物。童子手持海东青的造型，直观呈现了契丹人"以猎为生、以武为荣"的生存哲学，成为后人追溯草原文明的第一手史料。契丹作为丝绸之路上的重要族群，其留下的物证承载着跨文明交流的记忆。

二是促进多民族文化交融的认知。辽代玉雕虽以契丹文化为主体，但其玉料来自西域或中原，技法上吸收了唐宋玉雕阴线勾勒等线刻工艺，题材上亦受佛教化生童子影响。这种跨文化的艺术融合，呈现了 10 ~ 12 世纪欧亚大陆的文化互动，印证了历史上各民族间的交往交流交融。

三是为时代注入尚武精神。童子如同一把钥匙，解锁了辽代军事强大的密码。驯养海东青狩猎天鹅的过程，实为骑兵战术的模拟训练，这与草原骑兵的作战方式高度契合。契丹的尚武精神并非单纯的武力崇拜，而是勇气与能力的综合，这需在传统基因与现代需求的碰撞中实现创造性转化。

少年强，则中国强。"芄兰之支，童子佩觿。虽则佩觿，能不我知。"出自《诗经·卫风·芄兰》，讽刺装模作样、中看不中用的少年。童子持鹘所体现的勇猛、果敢与协作精神，可转化为当代社会所需的团队合作、创新突破等品质，为中华民族民族精神注入历久弥新的活力。

45

妈祖：

海上世界的和平女神

名　　称	**妈祖神龛像**
文物时期	**明清时期（1368 年～ 1911 年）**
出土地点	**福建省福州市长乐区漳港镇仙岐村**
现藏地点	**仙岐村显应宫**
尺寸规格	**主体塑像高 111 厘米、上周围 36 厘米、下周围 58 厘米**

　　生而为人，逝后为神。从渔家姑娘到成为被世界关注的中国女海神，并被列入联合国教科文组织评审的"人类非物质文化遗产代表作名录"，这是福建莆田湄洲屿的姑娘林默创造的传奇。

1992 年 6 月，曾因海啸湮没于黄沙之下百余年、始建于南宋绍兴八年（1138 年）的福建长乐漳港镇仙岐村显应宫，被重新发现并打开。显应宫坐北望南，面朝大海。前殿左祀一组为妈祖，右祀一组为郑和。妈祖与郑和同殿并祀，是迄今世上唯一所见。妈祖神龛，旁列四个陪侍女神。古宫重光，瑞象环生，曾有千百只彩蝶群集而至，万众称奇。

文献显示，显应宫建成后，历经宋、元、明、清多次重修。最后一次有碑文记载的重修时间为清道光二十一年（1841 年）。当地专家认为，泥塑制作年代为明清时期。从妈祖塑像的头冠造型可以推断，此像为清康熙十九年（1680 年）封妈祖为"天妃"尊号之前的塑像。这也是目前已知年代最为久远、保存最好的妈祖泥塑像。

妈祖像造型保留了一些宋明时期的艺术特征。其面部丰腴饱满，呈现圆润的轮廓，象征慈祥与福泽。其双目微晗，嘴角微微上扬，营造出俯视众生、悲悯护佑的宗教意象，表情充满着慈爱与威严。其杏眼、柳叶眉，透出神性的优雅端庄。其鼻梁高挺，耳廓长垂，象征福寿绵长。

妈祖像端坐于宝座上。头戴方形平顶冠，冠上饰有云纹等图案，彰显其尊贵地位。其略作俯视状，手持象征护佑与权力、带有红太阳状的玉圭，表现其救苦救难的神职功能。其外穿开襟大衣，衣袍上呈现海水江崖纹等样式。衣纹线条行云流水，衣褶呈现层次感和自然垂坠，线条流畅飘逸，体现动态神圣感。

妈祖生而为人，逝后为神。南宋仙游籍进士廖鹏飞撰写的《圣墩祖庙重建顺济庙记》，是目前发现的最早有关妈祖的文献资料："墩上之神……世传通天神女也，姓林氏，湄洲屿人。"

据《天后志》载：妈祖为林氏家中之小女，宋太祖建隆元年（960 年）生，取名为默。在她即将出生之傍晚，邻里乡亲见流星化为一道红光从西北天空射来，映得岛屿上之岩石红光四射。林默年小志弘，不满封建婚姻，立志不嫁。自小钻研医道，教人防疫消灾，行善济世。

妈祖神龛，旁列四个陪侍女神

头戴方形顶冠

外开襟大衣

987 年，林默 28 岁时，为搭救海上遇险船只，落水身亡。此后妈祖经常显灵，救人急难。

999 年，人们在与湄洲屿隔海相望的平海澳建了一座妈祖庙。这是迄今为止所知道的有确切年代记载的最早妈祖分灵庙。1086 年，在今浙江宁海又出现了一座妈祖庙圣墩祖庙。妈祖信仰正式被政府承认是在北宋宣和五年（1123 年）。北宋官员路允迪奉旨出使高丽，航行途中遇风浪震荡，"独公所乘舟，有女神（妈祖）登樯竿为旋舞状，俄获安济"。于是宋徽宗下诏特赐宁海圣墩妈祖庙号"顺济"。始建于北宋宣和五年（1123 年）的山东长岛县庙岛显应宫，成为当时中国北方第一座妈祖宫。

因为南宋朝廷偏安江南，又忍金兵南下之痛，故而重视扶祀百神，幻想借神灵力量固守偏安，对护卫朝廷有功的民间诸神赏赐有加。在南宋 100 多年时间里，朝廷对妈祖的褒封达 14 次之多。

元代朝廷重视海上贸易，泉州成为一个国际性大港，航海贸易需要海上保护神。元王朝还重视漕运，因为北方粮食产量低下，官民粮食靠海船载粮北上。漕运凶险难测，故航海保护神妈祖最受尊崇。

明代郑和本人笃信妈祖，每航行必于船头奉祀神像。永乐二十二年（1424 年），琉球国创建了弘仁普济天妃之宫于那霸天使馆之东，此为外国首建妈祖庙。

清代台湾的妈祖信仰发展迅速，其中北港朝天宫是台湾规模最大、香火最旺的妈祖庙。清康熙年间郁永河《海上纪略》载："海神惟马（妈）祖最灵，即古天妃神也。"在闽语方言中，"妈"与"马"同音。如今台湾的"马祖岛"，以及"澳门"的葡语发音"Macau"，均源于妈祖。

法国民族学院的谢鲍尔博士则在巴黎创建"真一堂"供奉妈祖，称妈祖为"世界海上和平女神"。为什么有众多妈祖信众？

其一，从个人层面看，其超越功利主义对生命意义追寻。林默很平凡，是普通邻家姑娘，救助的也多是普通人，甚至不惜牺牲自己。她以"非精英化"的成圣方式，诠释了"内圣外王"的平民化路径，为普通人提供道德实践的可能。超越了功利，便凸显了伟大。

其二，从社会层面看，其契合了非制度化的伦理自我调节需要。妈祖信仰和其他民间信仰的一个重要区别在于，其没有等级观念。在妈祖文化里，没有过多伦理训导，也没有压迫与控制。林默被神化的过程，展现了民间社会通过信仰构建道德秩序的能力。这种自下而上的伦理建构，补充了官方"礼法"的刚性治理。从神祇的功能上看，妈祖能满足人们祈福、保平安及求子、求姻缘等现实心理需求。

其三，从性别层面看，其是对人类共同价值的张扬。

在宋代理学强化男尊女卑的背景下，元代封妈祖为"天妃"，清代封妈祖为"天后"，并传播"立德、行善、大爱"的精神。这种"女神权威"与"世俗男权"的并存，展现了中国文化中刚柔并济的性别平衡。这与西方女性主义哲学家艾莉斯·马利雍·杨（Iris Marion Young）提出的"关怀伦理"形成跨文化呼应，为西方语境下的大航海时代以来的性别平等观念提供了东方思想资源。

其四，从文化层面看，其提供了多元一体的文明对话。明代中后期即公元

妈祖手持象征护佑与权力、带有红太阳状的玉圭

清　《天后宫过会图册》（局部）

十五、十六世纪之后，是中国历史从"区域史"迈进"世界史"的关键时期。妈祖信仰涉及世界三亿多人口，体现了中华文化"多元通和"的实践特质。这种非零和式的信仰模式，为亨廷顿"文明冲突论"提供反思样本。这些思想资源，正如法国汉学家汪德迈（Léon Vandermeersch）所言："妈祖信仰是中国海洋文明献给世界的哲学礼物。"

文化之光映照着人类共同未来。妈祖（林默）作为中国民间信仰的核心象征，体现了中华传统文化的思想精髓，最终从地方神祇升华为世界的"和平女神"，成为中华海洋文明的精神标识。

46

岳飞：

壮怀激烈，精忠报国

名　　称	**中兴四将图**
时　　期	**南宋（1127 年～ 1279 年）**
收藏地点	**中国国家博物馆**
尺寸规格	**纵 26 厘米、横 90.6 厘米**
创 作 者	**（传）刘松年（南宋）**

岳飞的故事在汉族、满族、苗族等族群中均有流传，其形象在不同文化中得以兼容并重塑，逐渐从汉人英雄变成中华各族共同敬仰的英雄。

岳鄂王飛

《中兴四将图》，现藏于中国国家博物馆

"待从头收拾旧山河，朝天阙！"这首相传是岳飞创作的《满江红》，充盈着至死不灭的悲壮与热望。

《中兴四将图》传为南宋宫廷画师刘松年绘，描绘了南宋抗金战争中刘鄜王光世、张循王俊、韩蕲王世忠、岳鄂王飞等四位重要将领的全身立像。岳飞位列中兴大将之首。这幅画作，以视觉符号凝固了岳飞等将领的传奇形象，承载和传递了诸多历史记忆，折射出多重维度的英雄光谱。

一是平凡与力量的交织。画中的岳飞身材高大魁梧，姿态挺拔，但并非传统影视作品中"须髯美男子"的形象。面型宽大方正，呈典型的"国字脸"。眉形疏淡，两颊丰润，整体轮廓敦厚稳重，整体显得较为平凡。岳飞身着宋代官服，服饰线条简洁流畅，衣纹处理细腻。画中虽未刻意强调肌肉线条，但其宽大的袍服下隐约可见厚实的腰背和突起的腹部，表现其武将的力量感。此外，岳飞似手中握有军令，表情深邃有神和姿态宁静沉稳，体现出性格的智谋与坚毅。

二是真实与想象的冲突。刘松年作为南宋宫廷画师，曾亲眼见过岳飞或其同时代人，因此画作被认为具有较高的历史真实性。画中岳飞五官清秀，面白无须，双目有神，鼻梁挺直，鼻头较尖，这与《石渠随笔》等文献记载相符，且与宋代士兵身高约 1.7 米的标准相吻合。这种写实手法反映了宋代人物画追求清秀审美的倾向。但是，这与当下人们英雄崇拜的审美中想象的"肌肉猛男"形象相去甚远。

三是尚武与儒雅的融合。画中岳飞嘴型较小，与宽大的面型形成对比，或表达其沉毅寡言的性格。拱手而立姿态，强化了其儒雅的气质。这与其历史身份相符。岳飞文武双全，他不仅是军事家，还擅长书法、诗词，"三十功名尘与土，八千里路云和月"展现了他细腻的情感和家国情怀。画面中弓箭等亲兵装备表现其军事才能。但是虎背熊腰的力量感总体被宋代儒雅气质风尚抑制，有文气而霸气不足，这也是宋代重文轻武的写照。

《满江红》是岳飞心声的张扬。

从政治价值看，《满江红》发出了共筑"中国"版图的强音。辽宋金等政权并峙，中华大地不再呈现出统一的政治格局。但各政权彼此碰撞、攻伐与互动，各方追求的不是"中国"之裂，而是接续大一统实践的"中国"之合。诸政权共尊"中国"认同，竞逐"中国"的正统。

金宋之间在维护自身正统方面的博弈尤为激烈。以岳飞抗金为例，这是南宋对抗外部政权压迫的战争，而非不同族属之间的战争。岳飞抗金保卫了南宋各族人民的生命财产和先进的经济文化，属于正义性质的战争。《满江红》的背后，实际体现了岳飞对大一统秩序的认可与信仰。尽管南宋未能实现统一，但岳飞的军事行动为南方政权的存续提供了保障，延缓了中原文化的断裂，为后世大一统政权的重建保留了文化和政治基础。

从历史背景看，《满江红》是激励南宋抗金的真实写照。1127年"靖康之变"中，金军掳走宋徽宗、宋钦宗，中原沦陷，百姓流离。岳飞在词中疾呼"靖康耻，犹未雪"，直接表达了对这一国耻的刻骨铭心之痛。1134年～1136年间，岳飞两次率军北伐，虽收复襄阳等地，但因孤军深入、粮草不济被迫撤退。尤其是绍兴六年（1136年）的北伐，岳家军一度逼近中原，却因朝廷未予支持而功败垂成。但是，《满江红》词风雄浑悲壮，成为激励将士的"军歌"，通过"驾长车，踏破贺兰山缺"等意象，凝聚了军队士气，强化了抗金信念。抗金行动虽未成功，但《满江红》激励着后人维护国家领土完整。

从文化意义看，《满江红》凝聚了中华文化中的忠诚与牺牲精神。岳飞深受儒家思想影响，其母姚氏在他背上刺的"精忠报国"四字，成为他人生信条。岳飞主张"直捣黄龙"，但宋高宗赵构与宰相秦桧主和，多次阻挠其军事行动。他与南宋朝廷的矛盾激化，词中"待从头收拾旧山河"的豪情就是对现实的回应。可见，岳飞创作《满江红》，既有个人情感与家国责任的交融，也有军事实践与文学表达的共振。从传统儒家史观看，岳飞所代表的忠勇仁义精神，早已超越血统与族属，成为中华各族共同分享的价值观。在近代抗日救亡的背景下，岳飞作为中华民族英雄，发挥了凝聚中华儿女的作用，成为中华民族精神的象征之一。

岳飞的故事在汉族、满族、苗族等族群中均有流传，其形象在不同文化中得以兼容并重塑。金章宗称岳飞"飞之威名战功暴于南北"。元朝官修《宋史》评价岳飞"西汉而下，若韩、彭、绛、灌之为将，代不乏人，求其文武全器、仁智并施如宋岳飞者，一代岂多见哉"。清朝顺治、康熙、雍正三帝都曾重修杭州岳庙和岳飞墓，乾隆帝不仅亲临岳庙致祭，题写庙额"伟烈纯忠"，还亲自作了九篇褒扬岳飞的诗文。在乾隆的直接影响下，岳飞从汉人英雄逐渐变成中华各族共同敬仰的英雄。孙中山曾以岳飞精神激励革命，称其"精忠报国"为民族气节的核心象征。毛泽东称赞文天祥、岳飞等是"为国家尽忠，为民族行孝的圣人"，称赞近代以来"中国人民不甘屈服于帝国主义及其走狗的顽强的反抗精神"。美国历史学家费正清则认为，岳飞形象在东亚文化中的符号化，反映了"忠义伦理对儒家文化圈的深远影响"。法国汉学家谢和耐（Jacques Gemet）在《蒙元入侵前中国的日常生活》中，将岳飞比作"东方版的罗兰骑士"。

值得关注的是，画面以沉郁的色调勾勒岳飞形象。这位被十二道金牌终结北伐的将领，其命运堪比俄狄浦斯式的古典悲剧英雄，其越是奋力抗争，越是陷入命运的罗网。

岳飞形象引发的哲学思考，本质上是对现代性困境的古老回应。在价值观困惑时期，在价值多元的漩涡中，如何坚守初心？问题的答案，或许就隐藏在画面里岳飞那穿越时空的凝视之中。

47

巡海大神:

郑和下西洋

名　　称	**巡海大神像**
时　　期	**明（1368 年～1644 年）**
出土地点	**福建省福州市长乐区漳港镇仙岐村**
现藏地点	**仙岐村显应宫**
尺寸规格	**主体塑像高约 100 厘米**

巡海大神像目光温暖。他用温暖的目光，为我们解读了留在人类历史时空里的中国智慧。

云帆高张，昼夜星驰。

这是中华民族历史上一次伟大的海上长征。明代永乐三年（1405年），郑和率领庞大船队从江苏太仓刘家港出发，开始了规模空前的远洋航海。郑和持续28年的七下西洋，标志着中国古代的造船技术和航海水平发展到巅峰，推动海上丝绸之路达于鼎盛，在人类文明史上写下光辉的一页。

郑和七"战"封神。巡海大神像于1992年在福建省福州市长乐区漳港镇仙岐村显应宫出土，其与天妃（妈祖）彩塑组群被置于平行地位接受供奉和祭拜，说明民间造像已将郑和视为超人和神灵。学者万明考证认为，巡海大神像为明万历年间当地艺人塑造，是迄今为止发现的国内外造像时间最早的郑和塑像。

巡海大神像传递哪些信息？

一是呈现官方的海洋探索。塑像身穿红色圆领袍服，头戴嵌金"三山帽"，身着蟒龙袍，手持象征权威的玉带，衣上胸、腹、袖等处贴金，脚下是一双皂色靴子，突出其钦差总兵太监的军政身份，呼应郑和下西洋的官方使命。他的旁边是高鼻深眼的男性，可以认为是翻译或者向导之类的"胡人"。

二是融入神格化元素。塑像面如满月，表情慈善祥和，坐姿优雅端庄，特别是面部强化的凤目眼、大耳垂等元素，象征智慧与福寿。塑像与妈祖同殿并祀，兼具威严与慈祥感，体现了郑和官方航海统帅和民间保护神的双重属性，也反映了民间对郑和的崇拜与神化。

三是见证多元文化交融。郑和是回族人，塑像也保留了西域的特征，如鼻部轮廓立体，线条分明，体现了族群的交融。

四是融入政治隐喻。塑像群中郑和居中端坐，周围随从官员分列，再现了明代以朝贡贸易构建的区域秩序，强调"厚往薄来"的外交理念。其眉目舒展、嘴角微扬，体现作为外交使者的亲和力。这其实是非殖民化的叙事，传递"共享太平"的东方海洋观，与欧洲大航海时代的

面如满月，表情慈善祥和

手持象征权威的玉带

殖民扩张主义形成对比。

郑和为何要下西洋？从"海上丝绸之路"的视野看，至少有四个动因。

其一，从政治上看，巩固王朝执政地位。一是强化永乐帝统治合法性，通过郑和船队宣威异域展示国力，营造万邦来朝景象。二是重构东亚国际秩序，将东南亚至印度洋沿岸一些国家纳入盟友体系。如马六甲王国因郑和庇护摆脱暹罗控制，成为明朝在南海的核心盟友。三是管控民间海上势力，打击海盗集团，维护南海航道安全。

其二，从经济上看，推进跨洋贸易。一是获取海外珍稀资源。郑和船队携带丝绸、瓷器、茶叶、铁器等换取香料、药材、宝石、玻璃原料、珍稀动植物等，满足国内消费需求。二是构建贸易网络。船队在满剌加（今马六甲）、古里（今印度卡利卡特）、忽鲁谟斯王国（今霍尔木兹）等地建立贸易中转站，形成跨洋贸易枢纽。苏门答腊的旧港（今巨港）成为最重要的中转站之一。中国手工业（如景德镇瓷器、苏州丝织）因外需刺激而发展；海外商品如胡椒、香料逐渐平民化。郑和推动构建了15世纪的印度洋贸易圈。

其三，从文化上看，推进文明传播与宗教交流。一是儒家礼制的海外输出。在马六甲、古里等地立碑颁历，传播中国历法、礼仪制度。二是多元宗教互动。郑和作为穆斯林在东南亚重修清真寺，又供奉天妃（妈祖），船队中既有佛教僧侣也有伊斯兰通事，体现明初宗教包容性。中华文化伴随伊斯兰教在东南亚的传播，同时也吸纳了阿拉伯天文、医药等知识。

其四，从外交上看，推进构建国际和平网络。一是破解陆上丝绸之路困局。明朝前期帖木儿帝国威胁西北，郑和开辟海路联络印度洋沿岸国家，与波斯湾忽鲁谟斯王国（今霍尔木兹）、非洲木骨都束（今摩加迪沙）建立直接联系，形成海上丝路新格局。二是平衡区域势力。调解暹罗（今泰国）与满剌加（今马六甲）争端，护送东南亚诸国使节往返。渤泥（今文莱）国王访明后病逝于南京，永乐帝以王礼厚葬。郑和所至颁中华正朔，宣教化，

郑和宝船复原模型

赐王公妃帛，民庶市易，体现了贸易与外交的结合。

　　在构建人类命运共同体视野下，郑和下西洋有何影响？

　　一是郑和远航成为"大航海时代"的先导。郑和远航南海至印度洋周边30多个国家和地区，最远到达东非赤道以南的肯尼亚。郑和下西洋比哥伦布1492年到达美洲早87年，比达·伽马1498年到达印度卡利卡特要早93年，比麦哲伦1519年开始环球航行要早114年。西方所谓"大航海时代"，其实是"后郑和下西洋时代"。

　　二是郑和拉开了自海上开始的经济全球化的序幕。人类历史发展到15世纪初，随着科技的发展，海上运输日益显示出比陆上运输更大的优越性。郑和下西洋为打

破人类交往相对分散和隔绝的状态，迈出了从陆上向海上转折的重要一步。正是15世纪出现的东西方向海洋不断开拓探索的进程，最终使人类汇合在一个整体世界之中。一个海洋的时代宣告到来，经济全球化在海上逐渐形成。

　　三是郑和完成了"凿空"的海上壮举。郑和下西洋的核心为印度洋。郑和下西洋的重要意义就在于，在印度洋上给陆海丝绸之路画了一个圆，明朝由此从海上取得了贯通西域与西洋的成就。下西洋是中国人首次以史无前例的规模走向

郑和下西洋立石碑拓片

海洋，形成从农耕大国向海洋大国发展的强劲态势。当从陆向海的海洋世界观建立，意味着海洋世纪的来临，便深刻改变了世界格局。

四是郑和推进了不同文明对话交流。郑和下西洋标志着人类文明互动中心逐渐转移到海上，宣告了科技占重要地位的新时代的开始。明代"共享太平之福"的理念是下西洋成功的基石。中国大航海没有占据任何海外殖民地。利玛窦感叹，"尽管他们拥有装备精良、可轻而易举地征服邻近国家的陆军和海军，但不论国王还是他的人民，竟然都从未想到去进行一场侵略战争。"

巡海大神像目光温暖。他用温暖的目光，为我们解读了留在人类历史时空里的中国智慧。

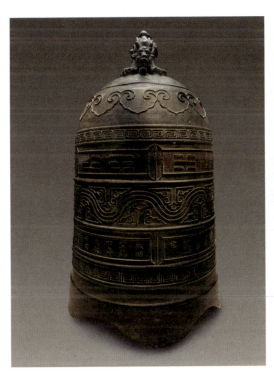

郑和铸青铜钟

郑和铸青铜钟（局部）

48

郑成功：

收复祖国宝岛台湾的英雄

名　　称　　**郑成功像**

文物时期　　**清（1616 年～ 1911 年）**

现藏地点　　**中国国家博物馆**

尺寸规格　　**长 130.5 厘米、宽 65 厘米**

创 作 者　　**黄梓（清代）**

他率部直面强敌，打败并驱逐了荷兰殖民者，收复了祖国宝岛台湾。

他叫郑成功。这幅记录了他面容的画像是研究他真容的第一手资料。中国国家博物馆藏信息显示，《郑成功像》是郑成功的九世孙郑泽于1935年在著名书画家周肇祥陪同下捐赠给中国历史博物馆（今中国国家博物馆）的。学者姜舜源考证，郑成功画像旧裱绫边上，曾有周肇祥题跋。推测画像是郑成功去世不久，在其儿子郑经等亲属和挚友们见证下，请追随郑成功到台湾的画家黄梓绘画的。此后郑氏子孙世代相传。郑泽有述："郑克塽降清后封汉军公（即海澄公），北上入京时，曾携成功画像三件同来，此为其中之一"。

台湾学者卢正恒曾追踪《郑成功像》的去向。郑克塽到北京后，康熙皇帝把他编入了汉军八旗，并给了他一个"海澄公"头衔。清雍正四年（1726年），郑家有两个佐领被移出了正黄旗，改编入正红旗。清道光年间，郑氏家族进入八旗系统已超过一个世纪，也经历了六个世代的传承递嬗。辛亥革命后，郑泽则是郑家的"末代佐领"，因为郑成功等为祖先的业绩，依然成为民国"贵人"。学者姜舜源认为，作为承继"佐领"之职的郑泽，是郑成功的嫡系裔孙，他承继了祖先郑成功画像。

另外，画像的画心上方，"诗堂"的位置上有楷书《百字赞》。除去书者落款，内容有100字，曰："俨乎其神若有思，蔼乎其容若可即"。赞后钤有"王忠孝印"。王忠孝为郑成功一同出生入死的战友，曾一起奉大明正朔。有学者回顾，郭沫若也曾依据这篇《百字赞》，考证这幅画为真迹。

画像将我们带到郑成功收复台湾的激情岁月。

一是运筹帷幄。画面背景为金门岛最高峰太武山坡麓，画面中心是长松树下，郑成功在案前与人对弈。画面描绘的是兵发台、澎前夕，郑成功成竹在胸的意境。画中郑成功面容瘦削。通过对比郑氏后裔如郑经、郑克塽的画像，这种瘦削的面庞可能与郑成功常年备战、操劳军务的生活状态有关。战争是政治的继续，而政治又是经济的集中体现。任何战争无不体现出战争与经济之间的

《郑成功像》

《郑成功像》（局部）

本质联系。郑成功备战收复台湾时，南明半壁江山已经丧失殆尽，失去了官方税收等财力支持。他实行"以商养战、通洋裕国"思路，特设仁、义、礼、智、信五大海路商行，同日本以及东南亚各国开展海上贸易，化解军费难题。手中有粮，心里不慌。精心做好战略和战术各种准备，这是郑成功打赢的底气。

二是决胜千里。郑成功面带微笑，表情与神态举重若轻，表现出从容不迫的心境。他左肘倚案，右手执棋子，一面下棋，一面暂时停下来聆听军情报告。画面左侧是一位军官侍立，应该是他的幕僚和大本营的军官；左下方是探报官面向他，报告最新军情的侧背影。这位探报官腋携旗，双手抱拳，左膝单跪、右腿屈立。旁边侍立的军官似在一边听报告，一边询问信息，他表情严峻，与正襟危坐的郑成功形成对比。而画面右前方是一匹颈、腹、额部有褐色花纹的白马，马鞍装饰与郑成功服色风格协调一致，应为郑成功的坐骑。白马从远处驰来，马夫勒住缰绳，马被迫回头嘶鸣。这情景说明，探报官正奏请郑成功上马出营。但郑成功此时并不为所动，似在思考下一步棋如何走。将士、骏马虎虎生风的动感，与弈棋者、执拂尘童子的静感，对比反差强烈。画像生动地呈现了郑成功"羽扇纶巾，谈笑间，樯橹灰飞烟灭"的大将风度。

三是气质儒雅。郑成功身穿蓝色袍服和玉带，这在明代官制中本属低阶官员，同时他袍服上有象征其南明政权赐予的"延平郡王"地位的五爪龙纹袍，这种矛盾或暗示他的政治担当。画像中郑成功有明清士人画中典型的宽额头和长须的特征。头戴方巾，内着铠甲。黄宗羲《郑成功传》记载，铠甲是他起兵以后的武将军服。在荷兰俘虏菲力普梅的日记中，记载郑成功的眼睛是又大又黑，不断闪视，显得严厉而富有压迫感。此画虽然接近帝王像的"理想化"处理，但细眉凤眼中透出坚毅目光。整体看，他神情安静，展现了儒将风范，也凸显了其作为军事统帅的威严。

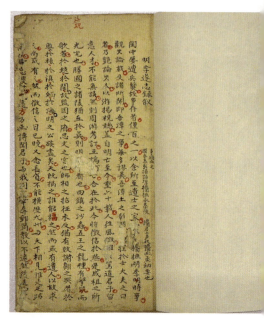

郑成功岛山附传册（档案文书），现藏于中国国家博物馆

郑（成功）氏家谱（档案文书），现藏于中国国家博物馆

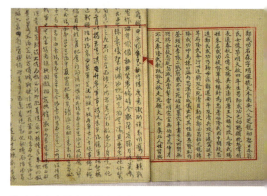

郑成功事略抄本（档案文书），现藏于中国国家博物馆

公元 1662 年，郑成功率领的军队打败了当时公认的海军强国——荷兰，收复台湾，并与荷兰签订国际条约，在国际交往秩序层面明确了台湾属于中国，这是明清以来中国首次与西方签订收复领土的胜利条约。郑成功也成为自 16 世纪大航海时代以来中国首次击败西方殖民侵略者的英雄，也是亚非拉地区首次成功驱逐了西方殖民侵略者的英雄。

郑成功为何能成功？

其一，从政治视角看到，历史文化纽带是打败荷兰海军的深层动力。郑成功政治目标明确，提出了"两岸同属一中"的原型论述，明确台湾是中国固有领土，自古就是中国神圣领土不可分割的一部分，得到两岸民众支持。

其二，从经济视角看，做好了充分的物质保障工作。郑成功重视屯田自给，开展海上贸易，解决了后勤问题，而荷兰守军则因长达九个月的围困逐渐崩溃。

其三，从军事视角看，郑氏集团形成强大的海上战斗力。郑成功继承其父郑芝龙的舰队，熟悉台湾海峡的水文环境，擅长海战，战术灵活，避开了荷兰舰队的正面炮火冲击。

郑成功收复台湾后，清政府于 1684 年设置分巡台厦兵备道及台湾府，隶属于福建省。按祖国大陆政制，将府、县行政管治制度带入台湾，建立一府两县，实行行政管治和组织经济开发，推行屯田，兴修水利，提振农业，加速了台湾开发建设和跨越发展，促进了中华文明和中华文化在台湾扎根传扬、开枝散叶，形成和巩固了大一统的华夏意识。更重要的是，郑成功确保中国领土完整，传承中华民族伟大的爱国主义传统，成为凝聚两岸同胞的精神纽带。

天地英雄气，千秋尚凛然。一个有希望的民族不能没有英雄，一个有前途的国家不能没有先锋。包括郑成功在内的诸多民族英雄，都是中华民族的脊梁。他们是我们走向未来的精神资源。

49

林则徐：

开眼看世界第一人

名　　称　**林则徐小像**

时　　期　**清（1616 年 ~ 1911 年）**

来　　源　**章伯钧捐赠**

现藏地点　**中国国家博物馆**

尺寸规格　**纵 109 厘米、横 53.2 厘米**

创 作 者　**胡峻（清代）**

一双跨越时空的眼睛，似乎正静静地淡淡地打量着地球上的中国、亚洲和世界，以及世界上的昨天、今天和明天。

这是中国国家博物馆藏的清代胡骏画作《林则徐小像》呈现的画面。画的右下角有两方印是胡骏的。这件文物为中国民主同盟创始人章伯钧1959年捐赠。

谈起近代中国"开眼看世界第一人"的话题，大家总会想起一个名字——林则徐。马克思在著作《鸦片贸易史》中将林则徐领导的虎门销烟称为中国禁烟运动的"顶点"事件。美国纽约将其铜像树为禁毒象征。联合国将其虎门销烟日，即每年的6月26日，定为国际禁毒日。国际小行星中心1999年将一颗小行星命名为"林则徐星"。人像即史，透过这幅画像，我们能读出林则徐的诸多信息。

林则徐坐在山石上，若有所思

先看神态，刚毅与忧思并存。林则徐以"苟利国家生死以，岂因祸福避趋之"的气节闻名。画像中，通过面部紧锁的眉头、坚毅的嘴角，展现其对国家命运的忧思。其出身寒门，自幼受儒家教育，兼具政治家与文人的双重身份。通过清瘦的面庞、端庄的仪态，传递其学识修养与文人风骨。

再看服饰，体现传统与简朴结合。林则徐虽官至一品，但生活俭朴。他曾在巡阅澳门时谢绝澳葡当局的豪华接待，坚持一应从简。画像以素色便装、避免繁复纹饰等细节体现他无欲则刚的品格。与其"子孙若如我，留钱做什么"的家风故事也形成呼应。

再看他的目光，神秘、深邃、温暖。交流中，他的目光便引着我们走进过往。15世纪至17世纪，欧洲国家通过"探险"和航海活动"发现"了新大陆、新海域以及新的贸易路线。西方语境下的"大航海时代"的到来促进了贸易往来，推动了西方的政治与科技革命，也加速了欧洲国家对外扩张的帝国主义行动。"天朝上国"的国门一旦被轰开，中华民族便陡然跌入历史深渊，由此进入历史上备受欺凌、最为屠弱的时期，同时也步入走向觉醒、奋起抗争的转型时代。此时的林则徐主动接触西方，努力应对危机。

随着林则徐的目光穿过千山万水，能感受他和时代的文明对话。林则徐的时代，星光灿烂。拿破仑通过《民法典》改革法律体系，推动了欧洲现代化进程。林肯领导南北战争并废除奴隶制，推动了美国社会的现代化与人权进步，为美国统一和民主制度奠定了基础。维多利亚女王支持自由贸易和工业革命，推动了英国的全球霸权。达尔文提出进化论，彻底改变了人类对生命起源的认知。马克思创立科学社会主义理论。法拉第发现电磁感应现象，为电力技术奠定了基础，研究推动了第二次工业革命。玻利瓦尔领导拉美多国脱离西班牙殖民统治，反映了19世纪全球反殖民浪潮的多样性。章西女王在1857年领导印度反英起义，成为印度独立运动的象征。斯蒂芬森发明蒸汽机车，被誉为"铁路机车之父"。莫尔斯1837年发明电报和莫尔斯电码。他们对中国的影响与林则徐在中国的担当，共同构成了一幅东西方碰撞与交融的历史图景。

有"画外音"，是中国画特色。画面

林则徐印

中的林则徐实际打开了一扇了解世界的窗口。他通过澳门巡视、外交互动、文献编译等方式，与海外世界产生了深刻联系。作为钦差大臣赴广东禁烟时，他率先打破成见，招募通晓英语的翻译人员，搜集西方报刊、书籍，并组织翻译团队，系统编译《华事夷言》《各国律例》等资料，成为中国近代最早系统介绍西方政治、法律、军事的实践者。他主持编译的《四洲志》，首次全面梳理了全球地理、历史和政治格局，成为后续魏源《海国图志》的基础。这些著作也深刻影响了日本的明治维新和中国的洋务运动。林则徐还尝试通过外交手段与西方沟通，例如致信英国女王要求停止鸦片贸易，展现了早期国际交往的尝试。

画面中的林则徐坐在山石上，样子很踏实。正如美国前总统罗斯福所言，"说话要和气，但是手里要有大棒"。林则徐在与英国的对抗中认识到中西技术差距，非常重视军事实力的建设。他建议清廷改革军事制度，提出海防与塞防并重的理念，主张购买和仿制西洋船炮，积极推动沿海防御建设。在广东购置西洋大炮、加固炮台，并组织水勇训练，开创了中国近代海防体系的雏形。"师夷长技以制夷"是林则徐在禁烟抗英斗争中采取的基本斗争方略。

画面清风徐徐，林则徐若有所思，似乎期待友人左宗棠的到来。林则徐重视知识分子间的精神交流和中华文脉的传承。1850年1月3日，在岳麓山下的星沙，湘江边的方舟中，65岁的林则徐，会晤了相闻已久却始终未曾谋面的38岁布衣左宗棠。林则徐勉励左宗棠，"东南洋夷，能御之者或有人；西定新疆，舍君莫属"，将完成毕生志向的期待寄托于左宗棠。星沙夜话之后，1850年秋，林则徐在生命垂危之际给咸丰帝的遗折中，一再推荐左宗棠，称其为"绝世奇才"。20多年后，左宗棠带棺出征，收复新疆。他奏请新疆建省，屯田垦荒，凿修水利，努力将林则徐生前的遗愿付诸实践。特别是林则徐提出海塞并重思想，既主张加强东南海防，又强调西北边疆防御。左宗棠在海防与塞防之争中继承其理念，创办福州船政局，建立中国近代海军雏形。林则徐与左宗棠的星沙夜话，成为中国近代史上的一段佳话。这也说明着中国知识分子维护国家大一统的理念传承从未中断。

林则徐是一位在历史裂变中挣扎、探索的觉醒者。他推动了知识分子的认知从"天朝中心"到"世界图景"转变，进而从"天朝凝视者"变为"世界参与者"。他如同一个时代的破碎镜像，映照出传统中国向现代化强国转型中的一个人类热点话题：个体如何在历史洪流中坚守道德理想？文明如何在外来冲击下实现创造性转化？

岁月的印迹里，林则徐在虎门海滩上升腾起的不仅是销毁鸦片之烟，更是一个古老文明在烈火中的涅槃之焰。如今，林则徐的形象在珠江口依然熠熠生辉，展现出历久弥新的魅力。

50

陈祥榕：

清澈的爱，只为中国

名　　称	**陈祥榕像**
创作时期	**2022 年**
收藏地点	**中国人民革命军事博物馆**
雕塑作者	**郎钺（当代）**

　　一个有希望的民族不能没有英雄，一个有前途的国家不能没有先锋。英雄的名字和功勋，是激励中华民族不断奋进的动力。英雄和日月一样同在。

在中国人民革命军事博物馆展厅，陈列着一件 19 岁烈士陈祥榕的雕塑像。迷彩头盔上面，有粗硬笔留下的"清澈的爱 只为中国"字迹。八个字的深情告白，成为感动亿万中国人的经典瞬间。

陈祥榕烈士的雕塑像由解放军文化艺术中心雕塑创作员郎钺于 2022 年创作，雕塑面部彰显了中国气派、中国精神、中国力量。

他的眼神清澈。雕塑通过细腻的刻画展现了陈祥榕作为戍边战士的坚毅神情，同时突出其清澈的眼神，呼应他生前"清澈的爱 只为中国"的深情告白。这一设计既体现了英雄的英勇无畏，也保留了少年特有的纯真感。

他的笑容阳光。雕塑捕捉了陈祥榕生前标志性的阳光般的笑容。据描述，他生前"脸上总是挂着阳光般的笑容"，这一特征被郎钺精准还原，雕塑者通过对面部线条的柔和处理，传递出温暖与希望，象征其乐观精神与家国情怀。

他的青春真实。雕塑创作过程中，郎钺参考了陈祥榕生前的照片和战友的回忆，在神态和细节上高度还原了烈士生前的形象，尤其是眉宇间的坚定与青春气息。新疆军区某边防团连长杜鹏飞在抚摸雕像时曾感慨，"看到这个雕像，我一下子就感觉祥榕站到我面前一样"。

陈祥榕是福建省宁德市屏南县甘棠乡下山口村人，中共党员，一等功臣。千里迢迢，山高路远，陈祥榕从福建到新疆，成为守护喀喇昆仑中国边境的解放军战士。

昆仑山为中华文化里的"万山之祖"，是"玉成中国""玉石之路"的重要源头。昆仑山作为独特的中国符号，映照的是"天下一统"和"家国一体"的价值观认同。

在部队期间，陈祥榕写下"清澈的爱 只为中国"的心声。班长问他，"你一个'00 后'的新兵，口号这么'大'？"他回应，"这跟年龄没关系，我就是这么想的，也会这么做的。"

2020 年 6 月，外军公然违背与我方达成的共识，非法越线、率先挑衅、暴力攻击中方前出交涉人员，蓄

陈祥榕的迷彩头盔，上面写有"清澈的爱 只为中国"

陈祥榕使用过的子弹袋

陈祥榕使用过的背囊

陈祥榕使用过的迷彩服

意制造了加勒万河谷冲突。在忍无可忍的情况下，边防官兵对暴力行径予以坚决回击。陈祥榕作为盾牌手，战斗在最前面，毫不畏惧、英勇战斗。战斗结束清理战场时，有人发现牺牲的陈祥榕仍紧紧趴在营长身上，保持着护住营长的姿势。牺牲的还有营长陈红军、战士肖思远、王焯冉。

陈祥榕牺牲后，部队问陈祥榕的妈妈有没有什么困难时，她说："我没有什么要求，我只想知道，榕儿战斗的时候勇不勇敢。"连长回应："祥榕勇冠三军。"至此，陈母问勇，成为与孟母三迁、岳母刺字一脉相承的中国家风典范。

陈祥榕现象带来诸多启示和思考。

从信仰层面看，陈祥榕"清澈的爱"所体现的纯粹性，

陈祥榕烈士的雕塑像由解放军文化艺术中心雕塑创作员郎钺于 2022 年创作

体现了《共产党宣言》所倡导的"自由人联合体"中个体意志的觉醒，直指生命价值的终极意义。中国共产党历史展览馆展出了中国共产党有实物可查最早的入党誓词，是 1931 年 1 月江西省永新四区北田村农民贺页朵写在一块土布上的，开头四个字就是"牺牲个人"。在人类进入太空时代的今天，牺牲和奉献依然是中国边防的主题。他用生命诠释了纯粹的爱如何升华为对国家的忠诚。

从精神层面看，陈祥榕短暂的生命因奉献而获得永恒性，其雕塑的永久陈列象征着肉体消逝与精神不朽的哲学命题。正如海德格尔所言，"向死而生"的觉悟让人直面生命的有限性。陈祥榕的选择正是对生命有限性的超越，他通过行动将有限生命转化为无限的"不变量"的精神。

从团队层面看，陈祥榕的牺牲展现了个人在集体使命中的价值实现。他是独立个体，有着少年纯真，但他又是解放军战士，他为和平与安全付出了代价。这种团队张力揭示了黑格尔"主奴辩证法"中个体通过融入集体获得更高自由的可能。陈祥榕将个体存在升华为集体记忆，活在生生不息的民族中。

从伦理层面看，"陈母问勇"的故事揭示了家庭教育对个体价值观的深远影响，体现了儒家伦理与当代精神的交融。年仅 19 岁，陈祥榕还是父母眼中的"宝宝"。陈母对儿子"不能当逃兵"的教海，体现了儒家"修身齐家治国平天下"的伦理链条。这种"个体－集体－民族"的互动逻辑，为铸牢中华民族共同体意识提供了实践样本。

值得关注的是，"清澈的爱 只为中国"不仅体现了个人的爱国情怀，更与中国共产党"全心全意为人民服务"的宗旨高度契合。建党100多年来，一代又一代中国共产党人拼搏奋斗，形成了井冈山精神、苏区精神、长征精神、遵义会议精神、延安精神、抗战精神、红岩精神、西柏坡精神、照金精神、东北抗联精神、南泥湾精神、太行精神（吕梁精神）、大别山精神、沂蒙精神、老区精神、张思德精神、抗美援朝精神、"两弹一星"精神、雷锋精神、焦裕禄精神、大庆精神（铁人精神）、红旗渠精神、北大荒精神、塞罕坝精神、"两路"精神、老西藏精神（孔繁森精神）、西迁精神、王杰精神、改革开放精神、特区精神、抗洪精神、抗击非典精神、抗震救灾精神、载人航天精神、劳模精神、青藏铁路精神、女排精神、脱贫攻坚精神、抗疫精神、"三牛"精神、科学家精神、企业家精神、探月精神、新时代北斗精神、丝路精神……汇聚成了中国人昂扬奋进的洪流。党的精神谱系彰显在世界众多政党里，中国共产党永葆党的纯洁性、先进性、时代性。

每思祖国金汤固，便忆英雄铁甲寒。2024年10月，"问勇路"在新疆和田县揭牌，旨在向加勒万河谷冲突中牺牲的陈红军、陈祥榕、肖思远、王焯冉四位烈士致敬。同时，G219新藏线上，祥榕桥、屏南桥、思远桥、延津桥、焯冉桥、漯河桥、红军桥、两当桥、天祝桥、飞将桥、问勇桥等11座以烈士及以烈士故乡命名的桥伫立在喀喇昆仑，他们和北京天安门广场的人民英雄纪念碑等，一起守望着中国大地上的万家灯火和父老乡亲。

一个有希望的民族不能没有英雄，一个有前途的国家不能没有先锋。英雄的名字和功勋，是激励中华民族不断奋进的动力。英雄和日月一样同在。

参考文献

中文文献

1. 安徽省文物考古研究所，蚌埠市博物馆．蚌埠双墩：新石器时代遗址发掘报告 [M]．北京：科学出版社，2008．

2. 安徽省文物考古研究所．凌家滩玉器 [M]．北京：文物出版社，2000．

3. 本书编写组．中华民族共同体概论 [M]．北京：高等教育出版社，民族出版社，2023．

4. 陈曦，周旻．史记 [M]．陈曦，王珏，王晓东，等译．韩兆琦，审阅．北京：中华书局，2022．

5. 陈晓芬，胡平生．孝经 [M]．北京：中华书局，2018．

6. 甸村，新言．辽宁阜新县查海遗址1987～1990年三次发掘 [J]．文物，1994（11）：4-19．

7. 杜斌．茶经续茶经 [M]．北京：中华书局，2020．

8. 方勇．孟子 [M]．北京：中华书局，2018．

9. 甘肃省文物考古研究所．秦安大地湾：新石器时代遗址发掘报告上 [M]．北京：文物出版社，2006．

10. 高至喜．商代人面方鼎 [J]．文物，1960（10）：57-58．

11. 故宫博物院．何以中国 [M]．北京：故宫出版社，2022．

12. 广州市文化局，广州市地方志办公室，广州市文物考古研究所．广州文物志 [M]．广州：广州出版社，2000．

13. 郭大顺．红山文化"玉巫人"的发现与"萨满式文明"的有关问题 [J]．文物，2008（10）：80-87+96．

14. 郭大顺．华山玫瑰燕山龙—彩陶与玉器的对话 [J]．丝绸之路，2022（03）：31-41．

15. 郭丹．诗经 [M]．北京：中华书局，2019．

16. 郭沫若．郑成功 [M]．北京：文艺出版社，1979．

17. 韩小忙．西夏王陵 [M]．兰州：甘肃文化出版社，1995．

18. 何芳川．文明视角下的郑和远航 [J]．北京大学学报（哲学社会科学版），2004（05）：50-56．

19. 何伟，拥措，童艳，等．西藏札达县桑达隆果墓地发掘简报 [J]．考古，2022,(12):3-26+2.

20. 河北省文化局文物工作队．望都二号汉墓 [M]．北京：文物出版社，1959．

21. 胡平生，张萌．礼记（下）[M]．北京：中华书局，2018．

22. 湖北省博物馆，王红星．九连墩：长江中游的楚国贵族大墓 [M]．北京：文物出版社，2007．

23. 湖北省博物馆．随县曾侯乙墓发掘简报与论文汇编 [M]．武汉：湖北省博物馆，1979．

24. 湖北省荆州博物馆，湖北省文物考古研究所，北京大学考古学石家河考古队．天门石家河考古发掘报告肖家屋脊 [M]．北京：文物出版社，1999．

25. 霍宏伟．望长安海外博物馆收藏的中国故事 [M]．北京：生活·读书·新知三联书店，2024．

26. 贾小军．榜题与画像：魏晋十六国河西墓葬壁画中的社会史 [J]．敦煌学辑刊，2014(02)：121-129．

27. 简七一，郭淑霞，屈荣，等．汉景帝阳陵南区从葬坑发掘第一号简报 [J]．文物，1992(04)：1-13+98-102．

28. 姜舜源．国博《郑成功画像》与厦门《台湾行乐图》再认识 [J]．明清论丛，2018(02)：422-434．

29. 李竞辉，杨晓明．中国精神标识研究归来中国海外文物回归纪实 [M]．翁淮南．主编，北京：中国大百科全书出版社，2022．

30. 辽宁省文物考古研究所．牛河梁红山文化遗址发掘报告（1983-2003年度）[M]．北京：文物出版社，2012．

31. 林家骊．楚辞 [M]．北京：中华书局，2015．

32. 刘冰，马凤磊，鲍林峰，等．翁牛特旗解放营子乡新石器时代遗址调查报告 [J]．内蒙古文物考古，2005(01)：6–21+3．

33. 刘国胜．湖北枣阳九连墩楚墓获重大发现 [J]．江汉考古，2003(02)：29–30．

34. 刘国祥，刘江涛，栗媛秋，等．内蒙古敖汉旗兴隆沟遗址第二地点红山文化聚落 [J]．考古学报，2023(04)：483–528+589–598．

35. 刘赫东，田广林．兴隆洼文化查海遗址出土玉器发微 [J]．赤峰学院学报（汉文哲学社会科学版），2014，35(01)：4–6．

36. 陆玖．吕氏春秋 [M]．北京：中华书局，2010．

37. 毛泽东．毛泽东选集 [M]．北京：人民出版社，1991．

38. 南京博物院．玉润中华中国玉器的万年史诗图卷 [M]．南京：江苏凤凰文艺出版社，2023．

39. 内蒙古自治区文物考古研究所．白音长汗：新石器时代遗址发掘报告 [M]．北京：科学出版社，2004．

40. 潘璐瑶．淮河中游地区双墩文化研究 [D]．吉林大学，2022．

41. 秦始皇兵马俑博物馆，陕西省考古研究所．秦始皇陵铜车马发掘报告 [M]．北京：文物出版社，1998．

42. 秦始皇兵马俑博物馆．秦始皇陵兵马俑二号坑发掘报告 [M]．北京：科学出版社，2009．

43. 青海乐都柳湾原始社会墓葬第一次发掘的初步收获 [J]．文物，1976(01)：67–78．

44. 青海省文物管理处考古队，中国社会科学院考古研究所．青海柳湾乐都柳湾原始社会墓地 [M]．北京：文物出版社，1984．

45. 瞿中溶．汉武梁祠画像考 [M]．刘承干，校．北京：北京图书馆出版社，2004．

46. 荣新江．中亚与丝路文明研究丛书唐宋于阗史探研 [M]．刘进宝，总主编．兰州：甘肃教育出版社，2023．

47. 陕西省考古研究院，神木市石峁遗址管理处．石峁遗址研究资料汇编 (1977–2023) [M]．北京：科学出版社，2024．

48. 沈从文．沈从文全集·32卷 [M]．张兆和，主编．太原：北岳文艺出版社，2002．

49. 沈从文．中国古代服饰研究 [M]．上海：上海书店，1999．

50. 石河考古队．湖北省石河遗址群 1987 年发掘简报 [J]．文物，1990(08)：1–16+98–101．

51. 朔知．从凌家滩文化看中国文明的起源 [J]．安徽史学，2000(03)：12–15．

52. 四川省文物考古研究所．三星堆祭祀坑 [M]．北京：文物出版社，1999．

53. 苏秉琦．中国文明起源新探 [M]．北京：生活·读书·新知三联书店，2019．

54. 孙国平，黄渭金，郑云飞，等．浙江余姚田螺山新石器时代遗址 2004 年发掘简报 [J]．文物，2007(11)：4–24+73+1．

55. 孙庆伟．《考工记·玉人》的考古学研究 [J]．考古学研究，2000(00)：115–139．

56. 汤可敬．说文解字 [M]．北京：中华书局，2018．

57. 王凤竹，黄文新，罗运兵．湖北秭归县柳林溪遗址 1998 年发掘简报 [J]．考古，2000(08)：13–22+98．

58. 王国轩，王秀梅．孔子家语 [M]．北京：中华书局，2022．

59. 王苹．辽西地区史前人像造型特征与功能探析 [J]．南方文物，2021(06)：227–235．

60. 王世舜，王翠叶．中华经典名著全本全注全译丛书尚书 [M]．北京：中华书局，2018．

61. 王巍．聚落形态研究与中华文明探源 [J]．文物，2006(05)：58–66．

62. 王巍．中国考古学大辞典 [M]．上海：上海辞书出版社，2014．

63. 王先福，黄娟. 九连墩传奇 [M]. 武汉：武汉大学出版社，2021.

64. 王学理，王保平. 汉景帝阳陵南区从葬坑发掘第二号简报 [J]. 文物，1994(06)：4-23+30+1+97-98+1-2.

65. 王意乐. 南昌海昏侯刘贺墓出土"孔子"形象释读 [J]. 南方文物，2016(03)：2+301.

66. 王银平. 湖北天门县肖家屋脊遗址史前聚落形态与社会结构分析 [J]. 四川文物，2008(06)：29-35.

67. 翁淮南. 何以华夏：文物上的中华民族 [M]. 北京：中国大百科全书出版社，2024.

68. 贾应逸，买买提·木沙. 西域壁画全集⑤：森木塞姆石窟 克孜尔尕哈石窟壁画 [M]. 乌鲁木齐：新疆文化出版社，2017.

69. 熊建华. 湖南商周青铜器研究 [M]. 长沙：岳麓书社，2013.

70. 熊增珑，樊圣英，吴炎亮，等. 辽宁朝阳市半拉山红山文化墓地的发掘 [J]. 考古，2017(02)：3-34+2.

71. 徐丽莉，丁忠明，苏荣誉. 论大禾人面纹方鼎的结构、工艺和风格 [J]. 湖南省博物馆馆刊，2021(00)：653-661.

72. 徐正英，邹皓. 春秋穀梁传 [M]. 北京：中华书局，2018.

73. 严文明. 中国古代的陶支脚 [J]. 考古，1982(06)：622-629.

74. 杨虎，林秀贞. 内蒙古敖汉旗榆树山、西梁遗址房址和墓葬综述 [J]. 北方文物，2009(02)：7-12.

75. 杨利慧. 女娲信仰起源于西北渭水流域的推测——从女娲人首蛇身像谈起 [J]. 北京师范大学学报（社会科学版），1996(06)：55-60.

76. 杨天才，张善文. 周易 [M]. 第2版. 北京：中华书局，2022.

77. 杨永生，李玉林. 火烧沟与玉门历史文化研究文集 [M]. 兰州：甘肃文化出版社，2015.

78. 姚舜飞，姚舜腾；姚忠篆刻. 图说中国酒泉古代砖画 [M]. 兰州：甘肃文化出版社，2013.

79. 伊弟利斯·阿不都热苏勒，刘国瑞，李文瑛. 2002年小河墓地考古调查与发掘报告 [J]. 边疆考古研究，2004(00)：338-398+401-411.

80. 佚名. 广汉三星堆遗址与祭祀坑出土器物 [J]. 四川文物，1989（S1）：81-84.

81. 云南省博物馆考古发掘工作组. 云南晋宁石寨山古遗址及墓葬 [M]. 北京：科学出版社，1956.

82. 张宏彦. 黄陵考古调查小记 [J]. 西部考古，2008(00)：3-4+2.

83. 张朋川，王新村. 马家窑文化彩陶瑰宝新赏 [M]. 北京：文物出版社，2004.

84. 张朋川. 甘肃出土的几件仰韶文化人像陶塑 [J]. 文物，1979(11)：52-55.

85. 张小宁，李小龙，张镈，等. 甘肃庆阳市南佐新石器时代遗址 [J]. 考古，2023(07)：29-43+2.

86. 赵建龙，郎树德，张俊民，等. 甘肃礼县高寺头新石器时代遗址发掘报告 [J]. 考古与文物，2012(04)：14-34+1+113-114.

87. 中共中央马克思恩格斯列宁斯大林著作编译局. 马克思恩格斯论中国 [M]. 北京：人民出版社，2018.

88. 中共中央文献编辑委员会. 习近平著作选读 [M]. 北京：人民出版社，2023.

89. 中国国家博物馆. 华夏之路文物里的中国通史 [M]. 北京：朝华出版社，2021.

90. 中国考古学会. 中国考古学年鉴2015年 [M]. 北京：中国社会科学出版社，2016.

91. 中国科学院考古研究所，陕西省西安半坡博物馆. 西安半坡原始氏族公社聚落遗址 [M]. 北京：文物出版社，1963.

92. 中国社会科学院考古研究所. 宝鸡北首岭 [M]. 北京：文物出版社，1983.

93. 中国社会科学院考古研究所. 考古精华中英文版 [M]. 北京：科学出版社，1993.

94.　中国社会科学院考古研究所 . 师赵村与西山坪 [M]. 北京：中国大百科全书出版社，1999.

95.　中国社会科学院考古研究所 . 殷墟妇好墓 [M]. 北京：文物出版社，1980.

96.　中国文物学会专家委员会 . 青铜器卷 [M]. 济南：山东教育出版社，2013.

97.　朱锡禄 . 武氏祠汉画像石 [M]. 济南：山东美术出版社，1986.

英文文献

1.　Buck, D. D. Three Han Dynasty Tombs at Ma-wang-tui[J]. World Archaeology, 1975, X(7): 30 - 45.

2.　Li, H., Guo, D. Reconstructing the Face of a 5,000-Year-Old Hongshan Culture Ancestor Using 3D
Technology[J]. Journal of Archaeological Science: Reports, 2024, 65(1).

3.　Li Wanxin. Contacts Between the Shang and the South c.1300—c.1045 BC: Resemblance and Resistance[M].
Oxford: BAR Publishing, 2019.

4.　Rens Krijgsman. Early Chinese Manuscript Collections: Sayings, Memory, Verse, and Knowledge[M]. Leiden,
Netherlands: Bray Press, 2023.

5.　Yan Sheng. Facial Recognition and Classification of Terracotta Warriors in the Mausoleum of the First
Emperor Using Deep Learning[J]. ISPRS Annals of the Photogrammetry, Remote Sensing and Spatial
Information Sciences, 2024, X-1: 205 - 212.